Zu Besuch im frühen Eifeldorf

Joachim Schröder

Zu Besuch im frühen Eifeldorf

REGIONALIA VERLAG

Mein Dank ...

... gilt allen, die mir mit vielen alten und teils unveröffentlichten Fotos gedient haben.
Eine Vielzahl von Bildern stammt aus den Beständen des Kreisarchivs Bitburg-Prüm.
Danken möchte ich besonders Frau Lange-Löckenhoff für die Überlassung der Bilder ihres Vaters Fredy Lange, Hans Rosch aus Oberhausen, der Fotografin Nora Pfefferkorn (†) aus Heisdorf und vielen privaten Leihgebern. Ein besonderes Dankeschön geht an Familie Igelmund aus Kleinlangenfeld.
Dank gilt auch den Geschichtsvereinen »Prümer Land« und »Zwischen Venn und Schneifel«.

Alle Bilder befinden sich seit über 50 Jahren in meinem Privatarchiv.
Sie wurden mir bei Haushaltsauflösungen überlassen.
Viele Familien schenkten mir Bilder aus ihrem Privatbesitz oder vertrauten sie mir als Leihgabe an. Ihnen allen danke ich herzlich.

Joachim Schröder, Zu Besuch im frühen Eifeldorf

Layout und Satz: Handverlesen GbR, Bonn
Cover- und Einbandgestaltung: Beata Salanowski für agilmedien, Niederkassel
Fotos Cover: links s. S. 125 in diesem Buch; Mitte: s. S. 49; rechts: s. S. 62
Foto Umschlag Rückseite: s. S. 147 in diesem Buch
Foto Seite 1: Kinder am Leiterwagen, der für Holzfuhren umgerüstet wurde
Fotos Seite 2: Nora Pfefferkorn, Heinz Rosch und Fredy Lange, denen dieser Band viele Eifelfotos verdankt

Alle Abbildungen entstammen dem Besitz des Verfassers oder seinem Archiv.

Printed in Italy 2014

ISBN 978-3-95540-114-6

www.regionalia-verlag.de

Inhalt

Bäuerliches Schaffen

Judden Dach ...
... am aalen Eefelduref

Reingeschaut ins Haus, ins »Backes« und in die Werkstatt

Vor einhundert Jahren ...

»Wenn es vielfach auch nur trümmerhafte Überlieferungen sind, mit denen das alte Eifeler Bauernleben in die Gegenwart hineinragt, so muss man sich doch freuen, dass sie im Zeitalter des Automobils und des Luftschiffes überhaupt noch da sind. Viele von ihnen sind der dauerhaften Erhaltung wert, manche, die früher einmal waren, der Wiederbelebung würdig. Möge vor allem die alte Eifeler Dorffröhlichkeit in den Festen und Spielen weiter blühen und der nachbarliche Zusammenhalt mit seinen sinnigen Bräuchen niemals sich lockern. Wer sich der Pflege der Heimatliebe und der Förderung des Heimatsinnes vor allem auf dem Lande widmet, leistet dem ganzen Vaterlande einen großen Dienst.«

Adam Wrede, deutscher Volkskundler, 1913

Und heute ...

Vorwort

Unsere Dörfer und ländlichen Siedlungen sind bedroht. Das ist keine neue Erkenntnis, doch werden der Schaden und der Verlust mit jedem Tag größer. Dörfer haben seit Jahrhunderten die Eifellandschaft entscheidend mitgeprägt und unverwechselbar gemacht. Dass das dörfliche Leben nun jedoch im Niedergang begriffen ist, ist eine Folge der landwirtschaftlichen Rationalisierungsmaßnahmen und der Abwanderung der ländlichen Bevölkerung, insbesondere der Jugend.

Mit dem Schwinden ganzer Dorfkerne und Siedlungen geht auch der Verlust von Kultur einher. Ländliches Wohnen und Arbeiten, Brauchtumspflege, gemeinsames Feiern und Mundarterhalt sind in einem rasanten Verfallsprozess begriffen.

Heute bilden gleichförmige Wohneinheiten, Fabriken und Supermärkte charakterlose Betonwüsten. Statt Gassen, Winkeln und Plätzen bestimmen stark befahrene Straßen, Unterführungen und eine aufwendige Infrastruktur das Bild. Milieu und Atmosphäre sind zerhackt, es herrschen Gesichtslosigkeit und Monotonie – selbst in den kleinsten Dörfern.

Und auch das Gemeinschaftsleben eines bäuerlichen Dorfes ist heute dem Planquadrat, die Vielfalt der Einheit, die Harmonie der Monotonie, die Kurve dem rechten Winkel und die Fantasie dem Paragrafen gewichen.

Dieses Buch möchte – wenigstens gedanklich und bildlich – die Wärme, Schönheit und Intimität der dörflichen Lebensweise, bauliche und natürliche Identifikationsmerkmale wie Brücken, Kirchen, Straßen, Fluren, Bäume und Hausfassaden sowie das Gefühl von Heim(at) wieder in Erinnerung rufen.

»Erst fallen die Bäume, dann die Tore, dann die Häuser – dann der Mensch«, so hieß es vor 30 Jahren in einer Broschüre zum Erhalt dörflicher und bäuerlicher Strukturen. Kunststoff, Glasbausteine, Fabriktüren aus dem Katalog und Aluminium ersetzen mittlerweile Holz und Natursteine. Viele Alleen sind längst zerstört, alte Bauernhäuser desgleichen – es droht letztlich der Verlust aller identifikationsstiftenden Merkmale und damit jedweder bäuerlichen Struktur, Substanz und Kultur.

Mein »Tatmotiv«, sprich die Inspiration dazu, dieses Buch zusammenzustellen, ist die Sorge um eben diesen Verfall, um das Vergessen und den fehlenden Respekt vor den Leistungen unserer Vorfahren. Sie haben sich alles mühsam erarbeitet – gerade in unserer schnelllebigen Zeit ist es wichtig, ihr Schaffen zu würdigen und die dabei gewonnenen Einsichten weiterzuvermitteln.

Kommen Sie, verehrte Leserinnen und Leser, mit auf die Reise durch die Eifeldörfer des vergangenen Jahrhunderts. Gerne dürfen Sie auch ins alte Bauernhaus eintreten, am großen Eichentisch Platz nehmen und miterleben, wie der Bauer nach Feierabend seine Pfeife raucht und die Bäuerin das Spinnrad bedient.

Ich wünsche Ihnen wohltuende Entspannung und berührende Erinnerungen bei dieser stimmungsvollen Zeitreise.

Pronsfeld, im Herbst 2013
Joachim Schröder

Rechte Seite | Viehtrieb auf der Birresborner Kyllbrücke

Folgende Doppelseite | Geselligkeit am Feiertag: Bauern in Eifeler Tracht – Kittel, Mütze, Halstuch – beim Kartenspiel

Auf dem
Heimweg

Photo
Franz
Lange

Das Eifeler Bauerndorf

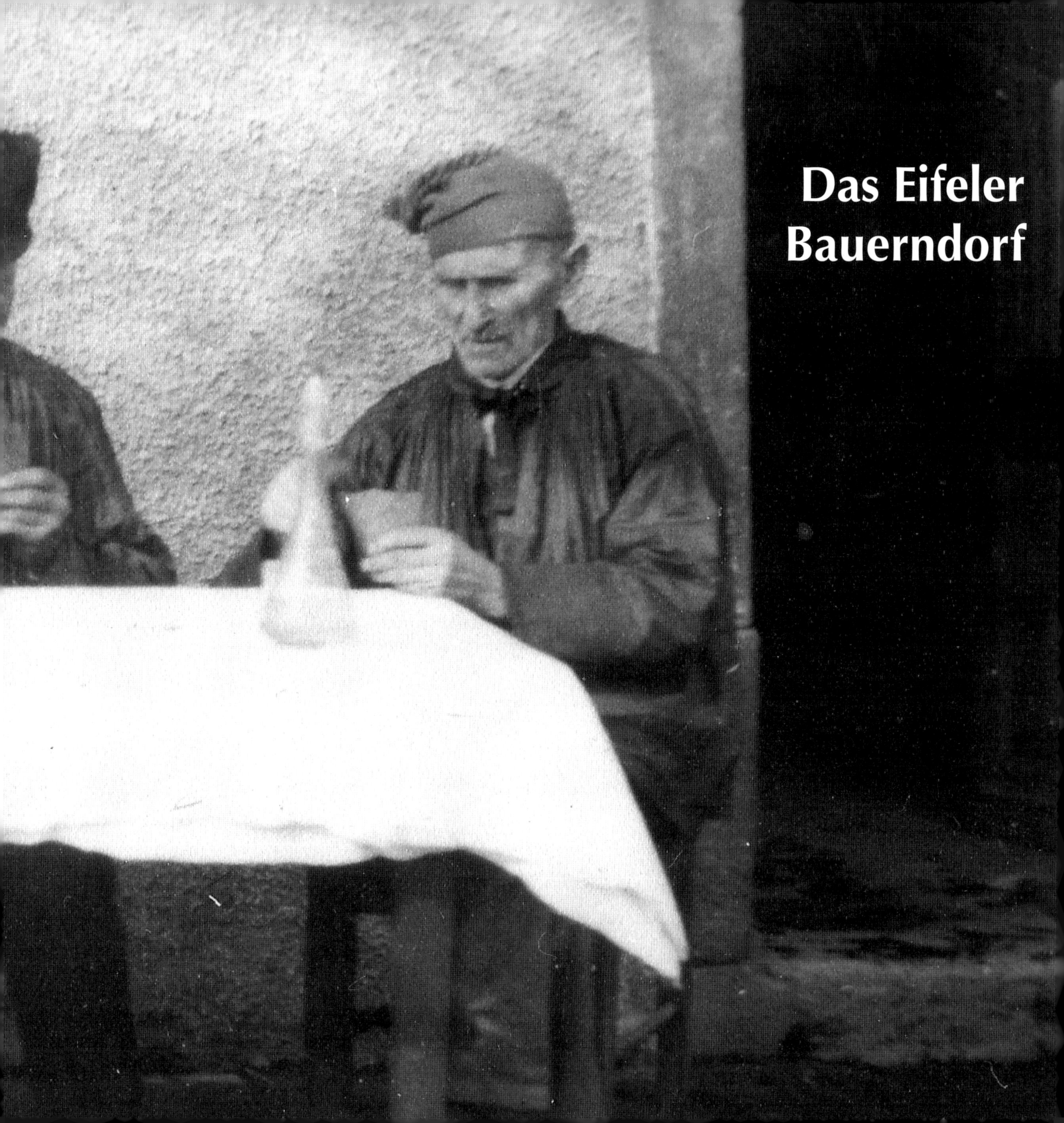

Das Eifeler Bauerndorf früher

Seit Jahrhunderten haben unsere Vorfahren ihre Dörfer bewusst in die Landschaft integriert. Sie orientierten sich dabei an den natürlichen Gegebenheiten: Man nutzte die Wintersonne so lange es ging, suchte leichten Zugang zum Wasser, war bestrebt, lange Wege zu vermeiden. Alte Dörfer »kuschelten« sich in Mulden, drängten sich zusammen wie eine Schafherde. Umgeben war dieser Kern von »Wetterbäumen«, in der Eifel vielfach auch von Hainbuchenhecken, Obstbaumwiesen, Holunderbüschen und langgezogenen Dächern, die fast bis zum Boden reichten; Schuppen und Scheunen hielten zudem seitwärts den Sturm ab. Man suchte die Nähe der Mitmenschen: So lagen die Fenster der Häuser auf der dem Dorfkern zugewandten Seite und nicht etwa, um des Fernblickes willen, auf der Außenseite. In der Dorfmitte befanden sich zudem die Kirche und die Gastwirtschaft. Der Kirchturm durchbrach als einziges vertikales Element die ansonsten horizontal ausgerichtete, niedrige Silhouette.

Das Baumaterial beschaffte sich der Eifelbauer nicht über kostspielige Transportwege, sondern aus dem naheliegenden Steinbruch, dem Bach, der Tongrube und dem Wald. Hier bedurfte es nur seiner Kombinationsgabe, um diese heimischen Materialien beim Bau sinnvoll miteinander zu verbinden. So bildeten sich in der Eifel traditionelle Bauformen heraus, wie der Dreikanthof oder das Trierer Haus, die dem Wetter trotzten, der Landschaft angepasst waren und dem Dorf ein schönes Gepräge gaben. Die Höfe im Dorf trugen Namen – die Häuser in einer modernen Wohnanlage dagegen Nummern.

Wenn auch die Zimmer niedrig, die Fenster klein und die Wände bucklig waren – das alte Bauernhaus besaß Charakter und »Heimeligkeit«. Es wuchs breit wie eine alte Linde aus dem Gelände, war sorgsam verputzt und gestrichen, der Eingang verlief ebenerdig. Nur manchmal führten bis zu zwei Natursteinstufen aus der gepflasterten Gasse hinein in die Wohnküche. Fenster und Türen bildeten stilistische Elemente, sie stellten gleichsam die »Augen« des Hauses dar und wirkten wie eine Einladung zum Eintreten. Klappläden boten den besten Schutz gegen Hagel und Schlagregen. Kalkmilch war der Grundstoff für den Anstrich und ließ sich gut mit anderen Materialien mischen.

Die Dorfstraße wurde als Teil des eigenen Grundbesitzes und in ihrer Gesamtheit als Gemeinschaftsgut betrachtet, das es zu pflegen galt. So wurde sie von allen Anwohnern jeweils bis zur Mitte gekehrt. Die Straße bildete eine Kommunikationsstätte für die älteren Bewohner und einen Spielort für die Kinder. Heute dagegen sind die Dorfstraßen stark befahren und laut; sie wirken beinahe feindselig und können sogar eine tödliche Gefahr darstellen. Nur wenige Meter vom heimischen Esstisch entfernt donnern bisweilen 60-Tonner vorbei. Vielfach wurden dem Straßenbau zudem alte Häuser geopfert, ganze Ortsteile wurden wegamputiert. Breite Straßen schneiden nun gewachsene Dorfstrukturen entzwei, wodurch auch die kulturellen und nachbarschaftlichen Beziehungen teilweise zerstört werden. Die Dorferneuerungsprogramme der 1960er-Jahre haben dabei kaum Positives bewirkt, bestenfalls etwas Kosmetik und Auffrischung. Dennoch ging viel Substanz verloren.

Und auch das äußere Erscheinungsbild der Dorfstraßen hat sich drastisch gewandelt. Schützte in früheren Zeiten noch ein kunstfertiger Pflasterbelag – Pflaster ist Handarbeit, Pflaster ist lebendig – vor Raserei und markierte zugleich neben der Straße auch den Hofraum, so sind die Straßen nun zu Fließbändern geworden. Diese sind seitlich von Gehsteigen umrahmt, auf denen jeder stumm und mit sich selbst beschäftigt dahergeht: Kommunikation ade. Leitplanken, Verkehrsinseln und Zebrastreifen tun ein Übriges. Früher brauchte die Dorfstraße auch keine Grünanlage, die extra gepflegt werden muss. Sie war umsäumt von Bäumen, die Autos vom Spaziergänger fernhielten, Staub und Gase dämpften und das grelle Scheinwerferlicht abblockten. Solche Linden- und Kastanienalleen waren eine Augenweide, schöner anzuschauen als die dominanten Lampenmasten der heutigen Zeit.

Zu den Bäumen gesellten sich noch sonstiger Bewuchs und Zäune. Im alten Eifeldorf waren Bäume, Sträucher und Hecken willkommene Zeitgenossen, lebendige Mitbewohner. Man pflanzte Bäume anlässlich großer Familienfeiern wie Geburten oder Hochzeiten. Der goldene Ahorn im Herbst oder die gekrümmte, reifbedeckte Birke im Winter schufen herrliche Stimmungsbilder; zudem waren Bäume und Hecken wichtige Bezugspunkte im Dorf. Unter der Linde traf man sich und sang Lieder, hielt Gemeinderatssitzung oder trank »Viez« aus dem Tonkrug. Laubbäume dominierten das Straßen- und Gartenbild, nicht Nadelholz, erst recht keine exotischen Koniferen.

Rechte Seite | Die letzte Postkutsche in Schönecken

Handlung Franz Irsfeld.

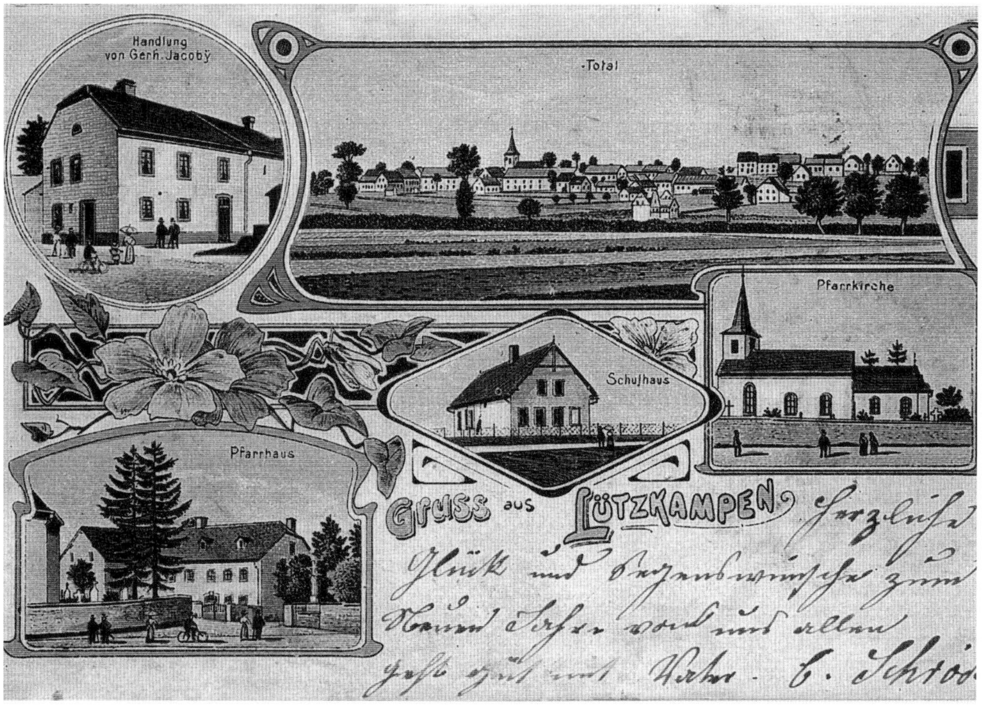

Links oben | Lithographie aus Lützkampen (um 1905)

Rechte Seite | Westeifeldorf Habscheid mit Kornkasten im Vordergrund

Links unten | Ansichtskarte aus Eschfeld (Gesamtansicht und Dorfkirche) aus dem Jahr 1908

Gruß aus Habscheid (Eifel)

Links oben | Restaurationsbetrieb in Jakobsknopp

Rechte Seite | Repräsentatives Gebäude: die Apotheke in Neuerburg / Enz

Links unten | Eifelgrüße aus Plütscheid

Apotheke

Links oben | Alternahr im Ahrtal mit Burganlage (Lithographie um 1890)

Rechte Seite | Blick in die Bachstraße in Prüm, aus den 1930er-Jahren

Links unten | »Wunderliches Waxweiler« nach einem Kneipenbesuch: Scherzkarte aus der Prümtalgemeinde (Zeichnung)

Gruss aus Prüm
Blick in die Bachstrasse vom Altenmarkt aus

Links oben | Panoramablick auf die Abtei- und Waldstadt Prüm

Links unten | Ländliches Idyll an der Habscheider Mühle im Alfbachtal

Rechte Seite | Ansichtskarte aus Winterspelt, das unmittelbar an der belgischen Grenze gelegen ist

Gruß aus Winterspelt, Total

Gasthaus und Handlung
Bes. Johann Baptist Kohnen-Schmitz

Kirche

Kriegerdenkmal

Links oben | St.-Remigius-Pfarrkirche in Pronsfeld mit Weihnachtsglocken (Grußkarte)

Links unten | Ehemaliges Kirchlein in Weinsfeld, von dem heute nur noch der Turm erhalten ist

Rechte Seite | Weihnachtsgrußkarte aus Plütscheid

Ein frohes Fest aus Plütscheid, Kr. Prüm

Links oben | Ehemalige Fürstabtei mit Basilika in Prüm

Links unten | Blick vom Höhberg auf das Straßendorf Pronsfeld, noch geprägt durch zahlreiche große Bauernhäuser, 1932

Rechte Seite | Grußkarte aus Prüm mit Blick in die Hillstraße

10. Gruss aus Prüm.

Links | Mächtige Dorfkirche in Rommersheim bei Prüm

Blick in die Hillstrasse.

Am Toten=
maar

Photo
Franz
Lange

Rechts | Weinfelder Maar bei Daun im Vulkaneifelkreis, auch Totenmaar genannt, mit Kirchlein und Friedhof

Oben | Schönecken mit Burgbering

Linke Doppelseite | Blick auf die winterliche Burganlage in Schönecken

Links oben | Bertrada-Burg in Mürlenbach im Kylltal

Rechte Seite | Ruine der Löwenburg in Gerolstein (aus der Kunstdruckserie *Eifelburgen* von F. Lange)

Links unten | Nimstalblick auf Ort und Burg Schönecken

Ruine Löwenburg Photo Fredy Lange

Die Eifel als Mittelgebirgslandschaft

Die Eifel ist ein bis zu 747 Meter ü. NN hohes, im Westen Deutschlands sowie im Osten Belgiens und Luxemburgs gelegenes und somit grenzübergreifendes Mittelgebirge. Diese Landschaft mit ihren Wassern, Tälern, Schluchten, Quellen, Hochflächen, Maaren und den zahllosen Dörfern und Kleinstädten zwischen Aachen, Köln, Koblenz und Trier ist meine Heimat.

Als Teil des Rheinischen Schiefergebirges gilt die wellige Hochfläche der Eifel als sogenanntes Rumpfhochland, das sich aus dem durch Erosion abgetragenen Urgebirge der Variszischen Alpen und späterer erneuter Hebung entwickelte. Die Hochfläche wird im westlichen Teil durch einzelne, bis zu 700 Meter hohe Gebirgszüge wie die Schneifel oder das Hohe Venn durchzogen. Im Ostteil bildeten sich in der Hohen Eifel und der Vulkaneifel aus tertiärem und quartärem Vulkanismus einzelne Schlackenvulkane und Basaltkuppen wie die Hohe Acht und der Ernstberg heraus, welche die Hügellandschaft überragen.

Die zur Mosel, zum Rhein und zur Maas hin verlaufenden Flüsse wie die Our, die Kyll, die Ahr, die Brohl und die Rur haben zum Rand der Eifel hin tiefe Einschnitte und größere Täler gebildet. Die über 5 300 Quadratkilometer große Eifel wird geografisch in Nord- und Südeifel unterteilt, gliedert sich dabei jedoch in mehrere natürliche Landschaftsräume mit teilweise noch feiner abgegrenzten Gebietsbezeichnungen auf.

Die Eifel ist aufgrund des feucht-milden Atlantikklimas von zahlreichen Bächen und kleineren Flüssen durchzogen. Durch Aufstauungen entstanden besonders in der Nordeifel zum Teil sehr große Stauseen, so etwa der Rursee, der im Hinblick auf sein Volumen zweitgrößte Stausee Deutschlands, sowie der Urftsee. Eine Besonderheit der Eifel stellen die Maare dar. Diese oftmals kreisrunden natürlichen Seen, deren größter das Meerfelder Maar ist, sind vulkanischen Ursprungs. Größere natürliche Wasserflächen kommen in der Eifel ansonsten nicht vor. Im Jahr 2004 wurde ein Teil der Nordeifel zum Nationalpark erklärt.

Links | Schönecken mit Burgbering

Rechte Seite | Blick auf die Schönecker Burg mit ehemaliger Mühle im Vordergrund

Links | Am Pulvermaar
bei Gillenfeld (Vulkaneifel)

Rechte Seite | Islekdorf Arzfeld

Unten | Im Tettenbach
bei Prüm (heute Kurpark)

Gruß aus Arzfeld / Eifel

Links oben | Alter BMW in Schönecken, 1954

Rechte Seite | Erntedankfest in Eschfeld mit Kirchenblick

Links unten | Dorfpartie in Waxweiler mit Pferdegespann und Auto, 1960

Häusliches Leben und Arbeiten

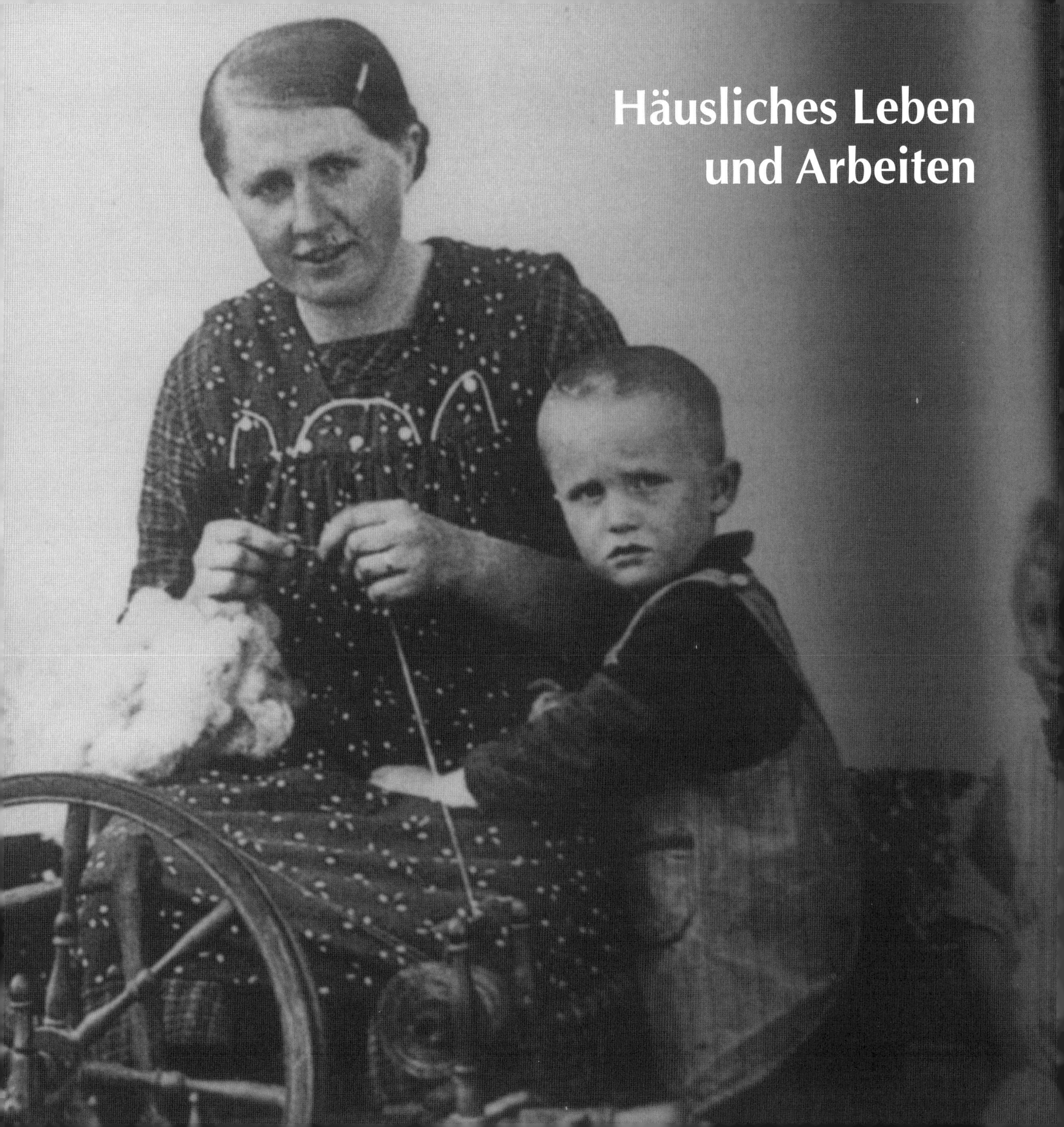

Die Alt-Eifeler Küche

Das Eifeler Bauernhaus mit seinen Lehmfachwänden, später Grauwackenmauern, dem weißen Kalkanstrich und dem moosbewachsenen Strohdach prägte früher weithin die Dörfer der Landschaft. Markant waren insbesondere auch der halbkreisförmige Ausbau an der Giebelseite, das »Backes«, und das an der Wetterseite weit herabgelassene Dach mit den spitz oder treppenförmig gestalteten Giebeln. Auffällig ferner die zweigeteilte eichene Haustür mit dem Oberteil und dem sich darunter befindenden sogenannten Gatter sowie die zumeist sehr kleinen, mit bleigefassten Scheiben ausgestatteten Fenster.

Trat man durch die Haustür ein, gelangte man unmittelbar in die Küche, den Mittelpunkt im Innenbereich des Bauernhauses, die als Funktions- und Kommunikationsraum zugleich diente. Es handelte sich dabei um einen mittelgroßen, quadratischen, halbdunklen Raum, der in der Regel zwei kleine niedrige Fenster besaß. Der Fußboden bestand aus einer festen Lehmschicht, später aus behauenen Steinplatten (aus Grauwacke oder Sandstein). Ein glänzend schwarzes Aussehen hatten Wände und Decken, hervorgerufen durch den Rauch des offenen Feuers. Die Decke ruhte auf schweren eichenen Balken, die in geringem Abstand parallel zueinander lagen. Als Feuerstelle diente zunächst der blanke Fußboden oder eine Art Herd, der aus Bruchsteinen aufgebaut und an den Innenseiten mit Schiefersteinen ausgefüttert war. Zum Tragen des Brennmaterials verwendete man die sogenannten Brandruten, längliche eiserne Schwellen, die an den Griffen häufig mit Löwenköpfen verziert waren und neben der Feuerstelle standen.

Über dem Herd befand sich der »Hoarscht« (Rauchfang), dessen untere, rechtwinklige Öffnung sich nach oben hin verjüngte. Hier hingen an starken Eichenlatten Würste und Schinken zum Räuchern. Eine hölzerne Einfassung an der unteren Seite der Öffnung nahm kleine Töpfe und Vasen auf.

Wo es keinen gemauerten Herd gab, brannte auf dem Boden ein offenes Reiser- und Holzfeuer. Die dahinterliegende Wand, zumeist zur »juut Stuff« hingewandt, wurde vor dem Feuer durch eine gusseiserne Platte geschützt. Diese »Takenplatte« maß im Allgemeinen 60 mal 80 Zentimeter, wog 50 Kilogramm und beinhaltete reiches Zierwerk in Form von Darstellungen aus der Heiligen Schrift oder aus der Ritter- und Sagenwelt; auch Wappen und Heiligenbildnisse kamen häufig vor.

Der Rauchfang wurde von der »Hoal« geprägt, einem Kesselhaken, der an einer seiner Längsseiten einem Sägeblatt glich. Hierdurch konnte der Haken beliebig nach unten oder oben verstellt und die daran aufgehängten Kessel und Töpfe näher ans Feuer oder weiter von diesem wegbewegt werden.

Die Hoal besaß bis ins 20. Jahrhundert hinein zudem eine hohe symbolische Bedeutung. Eine jungvermählte Frau, die in ihr neues Zuhause einzog, wurde am Hochzeitstag dreimal mit einem Kochlöffel versehen um die Hoal geführt, um ihr zu verdeutlichen, wo künftig ihr neuer Aufgabenbereich liegen würde. Dasselbe Ritual wurde auch beim Dienstantritt einer Magd vollzogen: Hiermit wurde ihre Zugehörigkeit zum Haus anerkannt. Sie wiederum musste ihrerseits den ihr gratulierenden Burschen ein »Hoalbier« spendieren.

An den Kesselhaken hängte man den großen, mit drei Füßen bestückten Hoalkessel auf, in dem die Hauptmahlzeiten gekocht wurden: »Zopp«, »Jromperen« und Mus (Suppe, Kartoffeln und Apfel- oder Birnenmus). Seitlich hingen zumeist kleinere Kesselchen, in denen Brei zubereitet oder Gemüse gedünstet wurde. Das Grundnahrungsmittel der Eifelbauern war aber die Kartoffel, wie der Spruch auf der folgenden Seite kundtut:

Vorherige Seite | Wollverarbeitung in Nimsreuland, um 1940

Rechte Seite | Kesselhaken, im Volksmund »Hoal« genannt, und verschiedene Töpfe

Morjens Brei
un Jromperen dobei,
mettes Zopp
un Jromperen drob,
owens Mus
un Jromperen noch!

(Morgens Brei
und Kartoffeln dabei,
mittags Suppe
und Kartoffeln darüber,
abends Mus
und Kartoffeln noch!)

Ein eiserner Dreifuß, auf den man weitere Töpfe stellen konnte, ergänzte den Kochbereich. Sollten Pfannkuchen oder Fladen gebacken werden, so kam anstelle des Hoalkessels die »Faule Magd« zum Einsatz: eine eiserne Platte mit runder Öffnung und einem breiten Henkel. Auf die Öffnung setzte man die schwere »Hoalpann«, an deren Ende sich ein circa 50 Zentimeter langer Stiel befand.

An der Wand nahe dem Feuer hing an eisernen Haken eine aus Draht selbstgefertigte Feuerzange, die sich beim Zusammendrücken öffnete und zum Bewegen der Kohlen diente; ferner der »Bläser«, ein Rohr von einem Meter Länge, das zum Anblasen des Feuers diente.

Neben der Stubentür stand das Schmuckstück der Küche, die »Kannenbank«. Sie wurde aus Eichenholz gefertigt, die Seitenteile waren leicht verziert. Die Einlegeböden, meist zwischen vier und fünf, nahmen allerlei Hausrat auf: Auf dem oberen Brett prangten die zinnernen Teller, die vor Festtagen mit Hafer blank gescheuert wurden. Man erzählt bis heute, dass die Burschen die Mädchen und Frauen besonders damit ärgerten, dass sie diese Teller umdrehten und so deren unschöne Seiten nach außen kehrten. Auf dem zweiten Brett bewahrte man Kaffeekessel, irdene Schüsseln sowie kupferne Gegenstände auf: Pfeffer- und Salzstreuer, den Senfbehälter, die Zuckerdose sowie hohe und niedrige Öllampen in den verschiedensten Formen. Auf den übrigen Brettern ruhten Kaffeekannen aus Metall, Steingut oder Porzellan, weiße und bunt bemalte Teller, Milch- und Kochtöpfe. An dem untersten Brett hingen zudem an starken Haken kupferne und blecherne Wassereimer, weitere Behälter, Kannen und Vasen. Ergänzt wurde das Küchensortiment durch Gefäße für Öl, Mehl, Zwiebeln, Salz, Rote Grütze und Gerste sowie durch Gurken-, Schabe- und Reibebretter aus Holz.

Rechte Seite | Küchenarbeiten am Herd (belgische Eifel)

Links oben | Eifelküche in Dahnen

Rechte Seite | »Eigener Herd ist Goldes wert« – häusliche Impressionen aus der Westeifel

Links unten | Feuerstelle mit Kesselhaken (»Hoal«), Küchengeschirr und Eichenschrank

»Erdenpöttchen«, »Platteln« und »Scharf« – bäuerlicher Hausrat

Noch bis in die 1930er-Jahre hinein wurde in den Bauernhäusern der Eifel vorwiegend irdenes Geschirr verwendet. Zwar gab es hier und da auch bereits Porzellan, doch war dieses in der Anschaffung teuer und wurde daher im »Scharf« genannten Schrank für hohe Festtage aufbewahrt. Irdener Hausrat war dagegen erschwinglich und praktisch, da er feuerfest war. Händler brachten die Töpferware zumeist ins Haus, wo man sie für ein paar Groschen kaufen konnte.

In erster Linie handelte es sich dabei um Schüsseln in verschiedenen Größen und Formen, daneben aber auch um Milchtöpfe, Kaffeekannen, Tassen, Seiher, »Teigbüttchen« und Kasserollen. Sehr beliebt waren die »Platteln«, flache, fast tellerartige Schüsseln, deren Innenseiten mit bunten Ringen verziert waren. Die großen hatten einen Durchmesser von etwa 30 Zentimetern und dienten als Kartoffelschüsseln. Bei der Mittags- und Abendmahlzeit stand die Plattel hochgefüllt auf dem Tisch. Meist war der Kartoffelhügel mit geschmolzener Butter oder flüssigem Speck (»Grieben«) übergossen. Alle Familienmitglieder, Knechte und Mägde aßen aus dieser Schüssel. Waren es der Esser sehr viele, so stellte man zwei Platteln auf den Tisch, um den Vorrat etwas zu verteilen. Dazu gab es Suppe oder Dickmilch, die aus der irdenen Schüssel gelöffelt wurde. Teller wurden bei diesen einfachen Mahlzeiten nicht aufgestellt.

Auch »Heddelich Kneddeln«, das Eifelgericht schlechthin, bestehend aus Heidekorn- oder Buchweizenmehl, Wasser und etwas Salz, wurde aus den Platteln gegessen.

»Teigbüttchen« nannte man die runden, topfähnlichen Gefäße, in denen die Bäuerin hauptsächlich den Teig für Pfannkuchen, Knödel und Waffeln anrührte. Pfannkuchen gab es häufig, entweder mit Speck oder Marmelade, seltener mit Hackfleisch bestrichen oder belegt. In den Stieltöpfen kochte man die Milch, in dem weiten, flachen Seiher ließ man den Klatschkäse ablaufen.

Bei der Kaffeemahlzeit war das irdene Geschirr besonders beliebt. Morgens und nachmittags standen die braunen Kaffeekannen und -tassen auf dem Tisch, die nicht immer die gleiche Form und Größe aufwiesen. Aber die Leute liebten diese Zeit der kurzen Muße und behaupteten, dass der Kaffee aus den »Erdenpöttchen« besser schmecke als aus dem »modernen Porzellan«.

Kasserollen waren irdene Töpfe mit Henkeln und Deckeln, die bis zu drei Liter Flüssigkeit fassten. Darin konnte man Speisen aller Art, vor allem Gemüse, Körner und Suppen, kochen oder erwärmen. Pflaumenmus galt als besonders wohlschmeckend, wenn es in einer Kasserolle gekocht war. Auch Apfelkompott und der berühmte »Birrebunnes«, ein Mus aus gebackenen Birnen, wurden darin bereitet.

Jeder bäuerliche Haushalt in der Eifel hatte einen großen bis mittleren Vorrat an irdenem Geschirr. Er stand wohlgeordnet und griffbereit auf einer besonderen Stellage, der bereits erwähnten »Kannen«- oder »Schottelbank«. Sie fehlte in keiner Bauernküche und ersetzte den Küchenschrank.

Waren Neuanschaffungen an Geschirr notwendig, so wartete man auf den Händler, der mindestens einmal im Jahr vorbeikam. Tonbacköfen standen an mehreren Orten: in Raeren, Speicher, Schönecken oder Frechen. Dort deckte der Hausierer seinen Bedarf an Töpferwaren, ehe er mit seiner Ware übers Land zog.

Rechte Seite | Kannenbank mit bäuerlichem Hausrat

Sich regen bringt Segen
ATA
Ideal

Oben | Eifeler Museumsküche in Pronsfeld

Rechte Seite | Mauernische im Wohnzimmer mit Töpfen und Pfannen

Häusliches Schaffen – das Wirken der Frauen

Häusliche und landwirtschaftliche Arbeiten prägten das Leben der Eifeler Menschen durch die Jahrhunderte hindurch. Während dies im 19. Jahrhundert vorherrschend kleinbäuerliche Familien mit geringem Landbesitz waren, die sich selbst versorgten, sind es heute andere Betriebsstrukturen mit Industriecharakter. Besonders die Frauen widmeten sich dem häuslichen Wirken und Schaffen. Sie waren als Bäuerinnen, Mägde oder Tagelöhnerinnen tätig, versahen wichtige Arbeiten in Haus, Hof und Stall, waren Mütter mit all den dazugehörigen Aufgaben und hatten dennoch nur eine schwache soziale und rechtliche Stellung. Der wichtigste Arbeitsplatz der Frau war das Haus, wo Kochen und Waschen, Buttern und Brotbacken, Einmachen und Kindererziehen zu ihren festen Pflichten gehörten. Hinzu kamen, zumal wintertags, das Spinnen, Weben, Stricken und Nähen, die tägliche Aufräumarbeit in Küche, Spind, Futter- und Waschküche.

Daneben lag auch die Bewirtschaftung des großen Bauerngartens in ihrer Obhut: Dies reichte vom Umgraben, Säen und Jäten bis hin zur Ernte des Gemüses, der Beeren, der Kräuter und Heilpflanzen und zur Pflege und Unterhaltung des Gartens. Vielfach gehörte zudem der gesamte Stalldienst in ihren Aufgabenbereich. Vor allem die Gewinnung und Verwertung der Milch war den Menschen damals ein Anliegen, das sie mit großem Schaffensdrang verfolgten. Das Füttern der Tiere und Ausmisten des Stalls gehörten zur Tagesarbeit der Frau; sie kümmerte sich auch um das Kleinvieh wie Hühner, Enten, Gänse oder Ziegen – dort leistete sie wahre Schwerstarbeit. Gemeinsam mit dem Mann versah die Bäuerin des Weiteren gewisse Arbeiten auf dem Feld. Während der Aussaat und besonders in der Erntezeit war ihre Mitarbeit unverzichtbar. In Kriegszeiten, als die Männer abberufen waren, ging sie hinter dem Pflug her, schwang den Dreschflegel oder fuhr mit dem Ochsengespann das Getreide ein. Eine der wichtigsten Feldarbeiten war das Setzen und Lesen der Kartoffeln. Der Einsatz der Frau im Rübenfeld, bei der Heuernte, beim Garbenbinden und Ährenlesen, beim Reinigen des Getreides und beim Dreschen galt als besonders wichtig. Hinzu kam die Verpflegung auf dem Feld, wobei die Kinder vielfach halfen und Botengänge übernahmen. Bei der Heu-, Getreide- und Kartoffelernte wirkten zusätzliche Tagelöhner(-innen) mit, damit die Arbeiten überhaupt bewältigt werden konnten. Die tägliche schwere Arbeit nötigte der Bäuerin viel Ausdauer und körperliche Kraft ab. Nicht selten brachen plötzliche Erkrankung und Schwächung ihr Arbeitsleben abrupt ab, sodass ihr Wirken durch das Fremder oder ihrer eigenen Kinder ersetzt werden musste.

Die täglichen Arbeiten in Haus, Hof, Stall und Feld verlangten sowohl dem Bauer als auch der Bäuerin alles ab. Die Betreuung und Erziehung der Kinder oblag jedoch fast ausschließlich der Frau. Oftmals musste sie den alltäglichen Arbeiten untergeordnet werden. Dann sprangen die größeren Geschwister ein, kümmerten sich um die Kleinen und erledigten leichtere Hausarbeiten. Erziehung als wissenschaftliche Aufgabe war unbekannt, man führte die Kinder in die einzelnen Abläufe ein, kontrollierte und strafte sie, gab ihnen strenge Anweisungen und altersgerechte Aufgaben wie das Viehhüten oder das Lesen von Gartenfrüchten. Bis zur Einführung der allgemeinen Schulpflicht zu Beginn des 19. Jahrhunderts ging nur etwa die Hälfte der Mädchen und Jungen zum Unterricht. Zu sehr wurde ihre Arbeitskraft im Haus gebraucht. Erst allmählich setzte sich der Gedanke durch, dass es wichtig sei, Kinder auch bilden zu lassen. Vielfach standen als Erziehungsziele vaterländische und religiöse Inhalte im Mittelpunkt; das Praktische erlernte man zu Hause. Das Rollenverständnis war klar: Jungen sollten handwerkliche und technische Interessen entwickeln, Mädchen nach dem Vorbild der Mutter eine untergeordnete Stellung im Familiengefüge einnehmen.

Nur sehr selten kam es vor, dass Frauen sich in bürgerlichen Haushalten verdingten. Ihre soziale Beziehung zu der eigenen Familie war zu stark, weitere Ausbildungs- und Erwerbsmöglichkeiten gab es für sie nicht. Mädchen und Frauen ohne Grundbesitz mussten daher in einer bäuerlichen Haushaltsfamilie arbeiten und sich so ihren Lebensunterhalt verdienen.

Die rechtliche und soziale Stellung der Frau war gegenüber der des Mannes eher trostlos. Da die Männer alle rechtlichen und geschäftlichen Dinge zu regeln hatten, darüber hinaus in der Öffentlichkeit ein Amt bekleideten oder ins Wirtshaus gehen durften, war die Frau »von Natur aus« untergeordnet. Ihr Einfluss blieb auf das Haus beschränkt. Wertschätzung und Anerkennung gab es selbst für alte Frauen, die ein Leben lang geschuftet hatten, kaum; sie lebten im Alter zwar zu Hause, verbrachten dort ihre letzten Jahre aber, ohne dass ihnen besondere Aufmerksamkeit geschenkt worden wäre.

Oben | Bäuerin beim Spinnen der Wolle

Oben | Am Webstuhl in Heisdorf, 1936

Vorherige Seite | Bäuerinnen mit »Hott«: Tragekörben, in denen zum Beispiel Wäsche transportiert wurde

Rechte Doppelseite | Pause beim Wäschebleichen im Alfbachtal

Vorherige Doppelseite | Waschtag in Neuerburg, 1940

Vorherige Seite | Beim Bleichen der Wäsche am Fluss, 1940

Links | Spinnrad-Arbeiten im häuslichen Wohnzimmer, 1938

Rechte Seite | Bäuerin beim Spulen des Flachses

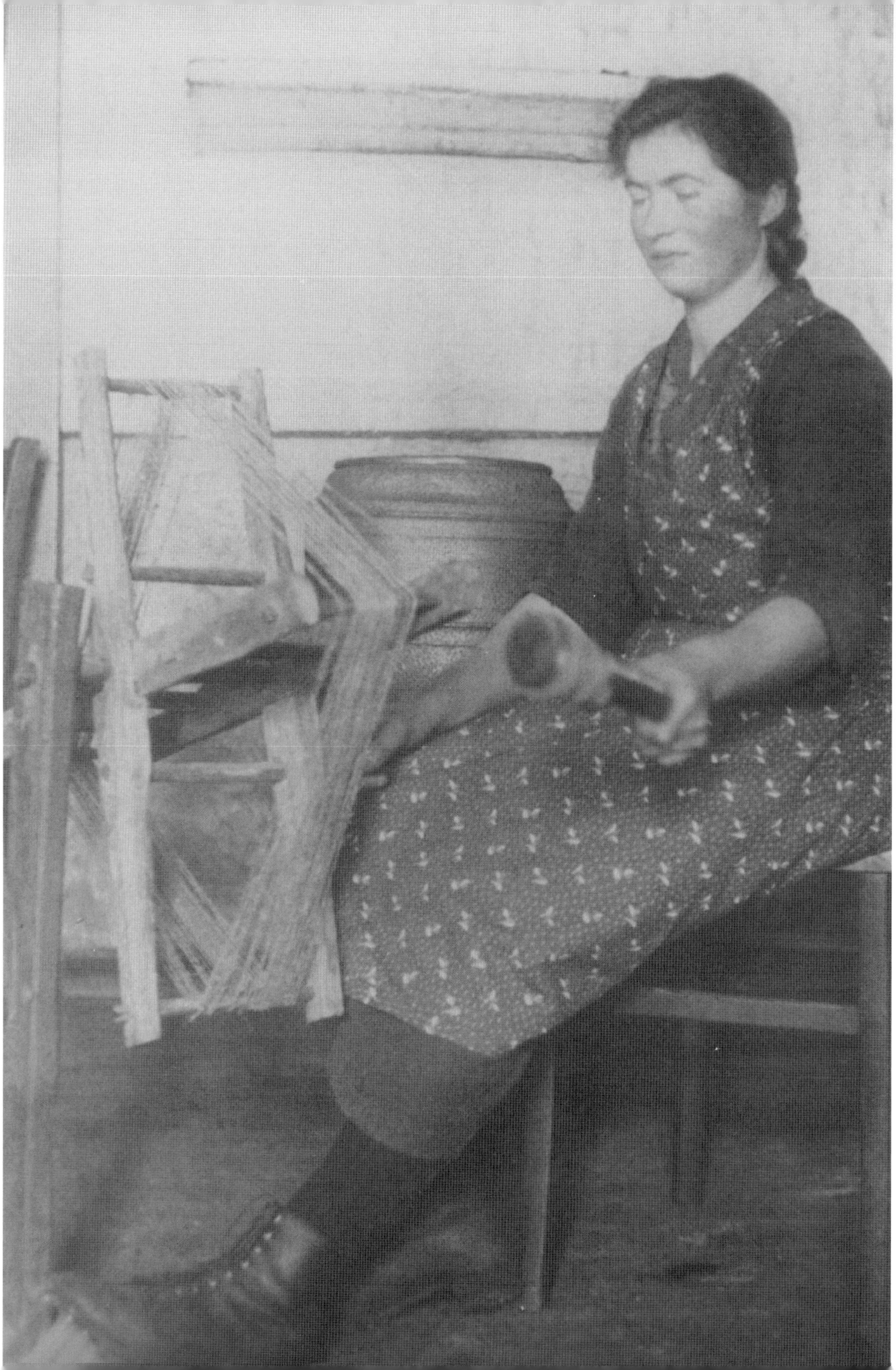

Links | Kunstvoll gefertigter Wandbehang in Schönecken, 1956

Oben | Gewebter Wandbehang

Rechte Seite | Knüpfen und Sticken: Hausarbeit der Frauen vor 65 Jahren

Oben | Opa Hubert mit Enkelin Rita in Kleinlangenfeld, 1953

Oben | Am Hausbrunnen, »Petz« genannt, in Heisdorf, 1933

Rechte Seite oben | Bauernehepaar in den 1930er-Jahren

Rechte Seite unten | Drei Generationen – ein Bild: Familienfoto aus Kleinlangenfeld

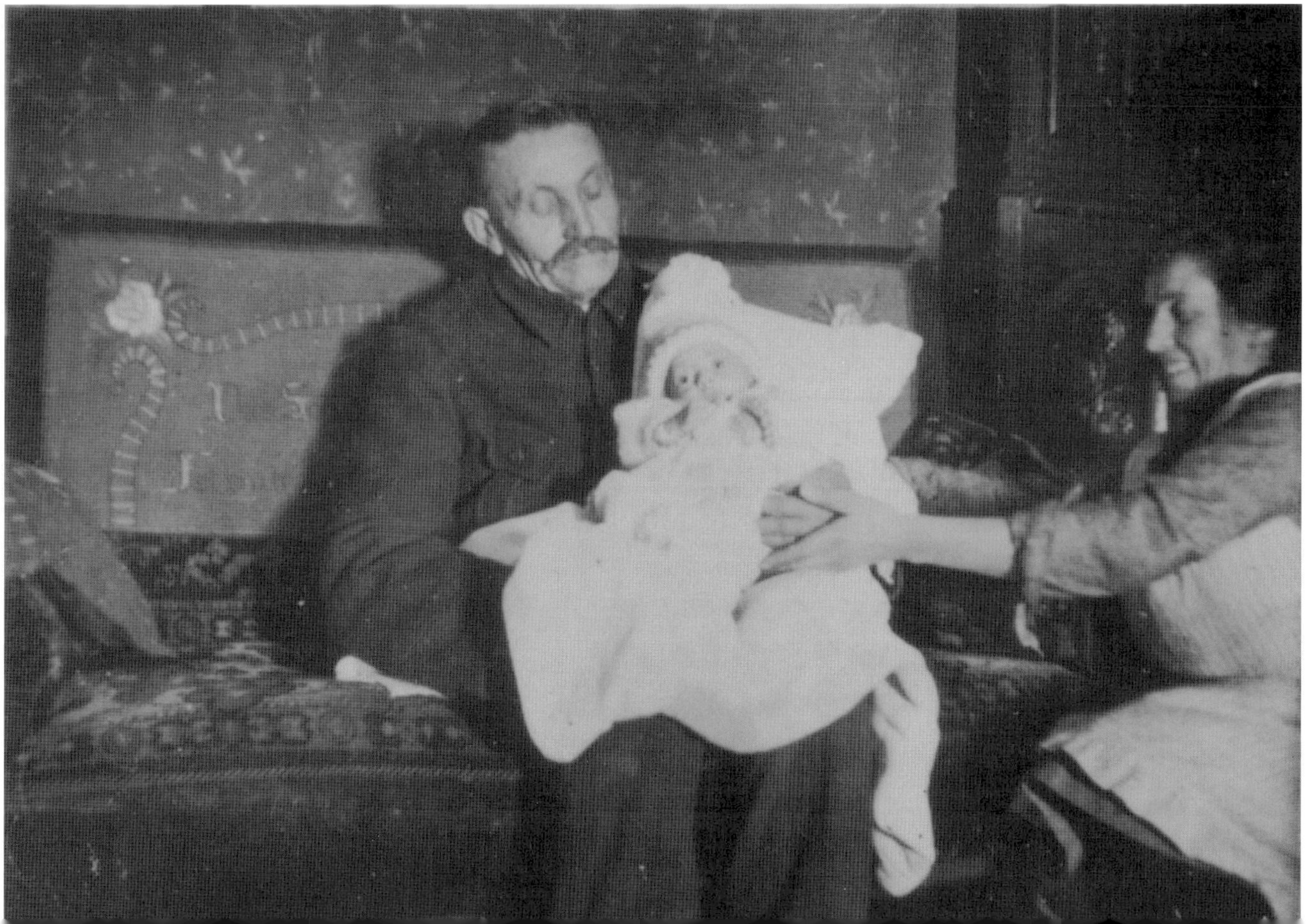

Rechte Seite | Hausschlachtungen, wie es sie bis in die 1960er-Jahre hinein auf jedem Bauernhof gab

Oben | Der Krauthobler, der in den 1930er-Jahren von Haus zu Haus ging, um den Weißkohl zu schneiden

Oben | Bauer in Eifeler Tracht, um 1938

Im Eifeler »Backes«

Die Bitte um Brot, wer hat sie heute noch zu äußern? In einer Zeit des Überflusses an Lebensmitteln – in Deutschland soll es allein etwa 600 verschiedene Brotsorten geben – erinnern sich nur noch ältere Mitbürger an Zeiten, in denen das Grundnahrungsmittel im Backhaus, dem »Backes«, selbst gebacken wurde. Doch früher bedeutete Backen Schwerstarbeit und »Kall haalen« (ein Schwätzchen halten) zugleich.

Die Geschichte des Brotes zeigt, dass die Getreidekörner ursprünglich roh verzehrt, später angeröstet und zermahlen wurden. Dieser Schrot ergab durch Hinzufügen von Wasser einen Brei, der sodann zu einem Fladen verbacken wurde. Als dann – zufällig, wie man vermutet – »saurer Teig« in die Breimasse gelangte, war das Brot in unserem heutigen Sinn erfunden.

Brot galt unseren Vorfahren als heilig, vom Schöpfer geschenkt. Wehe dem, der als Schüler auf dem Schulhof ein Stück Brot wegwarf – eine schlimme Strafe erwartete ihn! Den Menschen war bewusst, wie viel Mühen notwendig waren, bis der Laib Brot duftend auf dem Tisch lag. Vom gepflügten und geeggten Acker über die Ernte bis hin zum Reinigen des Getreides, zum Mahlen, Verfrachten und Backen waren viele schwere Handgriffe notwendig – für Mensch und Tier.

Als Brotgetreide wurden in der gesamten Eifel Weizen und Roggen gesät. Bis in die 1940er-Jahre hinein wurde mit der Hand geerntet: Der Bauer mähte, die Bäuerin nahm die Halme zu Garben auf, und die Kinder legten Halme, die als Seile dienten, auf dem Feld aus. Dann band man die Garben gebunden und schichtete sie zu sogenannten »Kasten« auf. Nach dem Transport in die heimische Scheune wurde die Frucht gedroschen und gelagert.

Jedes Bauernhaus besaß früher einen steinernen Backofen, zumeist in der Küche. War dies nicht der Fall, gab es ein gemeindeeigenes Backhaus, in der Eifel »Backes« genannt. Alle Haushalte besaßen ein Backrecht. Damit die Abläufe gut funktionierten, waren die Absprachen streng einzuhalten. So kam jede Familie im Monat zwei- bis dreimal zum Gemeindebackes, in dem die Arbeit innerhalb von acht Stunden abgeschlossen sein musste. Die Backfolge wurde jede Woche neu bestimmt, um Ungerechtigkeiten auszugleichen; mancherorts beaufsichtigte der Gemeindediener die Arbeiten.

Wichtig für die Teigbereitung war das richtige Mischungsverhältnis von Mehl, Salz, Wasser und Sauerteig. Der Sauerteig, in der westlichen Eifel »Damp« genannt, bestand aus dem Restteig des letzten Backvorgangs und wurde in der »Mohl«, einer Mulde im Esstisch, aufbewahrt. Damit die Gärung in Gang kam, goss man lauwarmes Wasser auf den Sauerteig, anschließend musste die gesamte Teigmasse fünf bis sechs Stunden lang gehen. Das anschließende Kneten war Schwerstarbeit für die Bäuerin und dauerte bis zu drei Stunden. Danach legte man den Teig in »Kurbeln«, also Brotteigkörbchen.

Der Ofen wurde mit Reisigbündeln (»Schanzen«) angeheizt; die richtige Temperatur erkannte der erfahrene Bäcker an der Farbe der Steine im Ofeninneren. Das »Einschießen« der Brote erforderte eine gewisse Geschicklichkeit, denn die Laibe wurden in Querreihen auf die »Schieß« gelegt. Um die Brote verschiedener Familien auseinanderhalten zu können, versah man sie mit »Brotzeichen« wie Löchern, Punkten, Längs- und Querstrichen. Während des Backvorgangs wurde oftmals der Rosenkranz gebetet; das letzte Brot nannte man auch »Kreuzbrot«.

Nach dem Öffnen des Ofens wurde das Brot herausgenommen, abgewischt und zum Auskühlen ausgelegt. Die Restwärme des Ofens nutzte man zum »Toarten backen«, Obst dörren oder Flachs rösten. Manchmal wurden darin auch Arbeitsgeräte wie Stiele gehärtet oder gar Wäsche getrocknet.

Leider fielen in der Nachkriegszeit viele Backhäuser dem Abrisskran zum Opfer. Vereinzelt sieht man noch ein Originalbackes, wie zum Beispiel in Binscheid oder Pintesfeld. Viel Brauchtum entfaltete sich früher in den alten Backhäusern: Die dort verbrachte Zeit wurde auch genutzt, um ein Schwätzchen zu halten, Karten zu spielen, einen »Viez« zu genießen und Dorfpolitik zu machen.

Brot diente bei unseren Vorfahren stets als Abwehrmittel gegen Unholde und Schaden aller Art. So gab es in der Eifel vielerorts Brotsegnungen. Das geweihte Brot verteilte man zum Schutz des Hauses und der Felder in Dachrinnen, auf Wegen oder auf dem Fuhrwerk. Am Neujahrstag erhielt jedes Familienmitglied und jedes Stück Vieh geweihtes Brot gegen Krankheit und »bösen Befall«. In den Raunächten sprach man dem Brot heil- und glücksbringende Wirkung zu.

Als christliche »Heilbrote« galten früher der Martins- und Nikolausweck, das an Allerheiligen gebackene »Seelenbrötchen«, die »Totengebäcke« und sogenannten »Gebildbrote«. Diesen wurde die Fähigkeit zugesprochen, Heilgötter, Krankheitsdämone und Seelengeister durch entsprechende Nachbildungen von Tieren im Brot zu versöhnen. Mit diesen Gebildbroten wurde dann das Vieh gefüttert. Das »Weihnachtsbrot« wiederum wurde nach Volkes Meinung nie schimmelig und schützte sogar vor Heimweh.

Vorherige Seite | Bäuerin beim Kneten des Teiges, um 1930

Rechts | Backraum im alten Bauernhaus: Der Bauer knetet den Teig

Rechte Seite | Er bereitet das Feuer vor

Redensarten rund um das Brot:

Der Zufriedene kennt keinen Brotneid.

Der Arme muss kleine Brötchen backen.

Jemandem wurde der Brotkorb höher gehängt.

Manche können mehr Brot essen.

Andere verkaufen sich für ein Stück Brot.

Brot ist lieb.

Gebetsauszug:

Unser tägliches Brot gib uns heute ...

Omas »Kiddelschierz«

Sie war Allzweckutensil – Behältnis, Wundertüte, Tragetasche, Weinkissen, »Lepp« zum Anhängen und noch vieles mehr: Oma Kätchens »Kiddelschierz«, die Kittelschürze also, jenes Kleidungsstück, das jede Hausfrau tagein, tagaus bei der Arbeit trug, sozusagen als Berufskleidung. Derer besaß Oma Kätchen vielleicht drei oder vier, fast alle waren schwarz-weiß, an eine bunte Schürze kann ich mich gar nicht erinnern. Sie war gestreift, kariert oder mit sonstigen Mustern, meist Blumen, bedruckt.

Die Kiddelschierz war natürlich Oberbekleidung: Ihre Träger wurden über den Kopf am Nacken angelegt, der untere Teil der Schürze mit zwei Bändern von beiden Seiten im Rücken verknotet. Die Schürze war meist wadenlang.

Am »Lepp« (Zipfel) dieser Schierz konnte ich mich festhalten, wenn ich auf den jungen Beinen noch etwas wackelig war, hier konnte ich manche Träne abtupfen oder – wenn ich einen Wunsch hatte – Oma zum Anhalten bewegen und ihn kundtun: »Has' du noch en Kamell für mech?«

Auch Mutter Agnes trug selbstverständlich im Haushalt wie im Garten ihre Kittelschürze. Noch eine kleine Episode aus der Küche fällt mir dazu ein: »Was kochst du, Mamachen?«, fragte ich. »Dicke Bohnen, mein Sohn«, lautete die Antwort. »Was kochst du, Mamachen?«, fragte ich. »Dicke Böhnchen, mein Söhnchen.« Hmmmm ... Ob ich's noch mal wagen sollte? »Was kochst du, Mamachen?« »Sakret Jies, dou kleene Panz, deck Bungen«, schallte es durch die Küche.

Die gute alte Kittelschürze erfüllte vielerlei Funktionen. Wenn Oma aus dem Kellerregal ein Glas mit Marmelade entnahm, wischte sie kurzerhand mit dem Zipfel ihrer Schierz den angesammelten Staub vom Deckel. In der Schürze, die sie wie einen Sack mit der linken Hand zubinden konnte, schleppte sie die Kartoffeln in die Küche. Auch Gläser mit Wurst, Möhren aus der Sandkiste oder Rauchfleisch wurden so aus dem Keller in ihr Reich, die Küche, transportiert.

Aus dem Garten beförderte sie – ganz ohne Eimer oder Korb – Sellerieknollen, Gurken, Bohnen, Äpfel oder Kirschen ins Haus. Man kann sich leicht vorstellen, wie fleckig und bunt diese Schürze mit der Zeit wurde. Aber man war nicht kleinlich und übersah so manchen hygienischen »Defekt«. Aus Omas Multifunktionsstück wurde auch das Hühnerfutter auf dem Hof ausgestreut: Körner und Krümel, Salatreste und Küchenabfälle. Anschließend fanden die aufgelesenen Eier ihren Platz in der »Schürzengrube«.

Draußen auf der Wiese diente die Kiddelschierz als Gemüsetrage sowie Apfel-, Kräuter- und Salattüte. Im Feld wurden bei der Nachlese per Hand die letzten Ähren in die Schürze, an den Hecken die Haselnüsse und unter den Obstbäumen die ersten reifen Zwetschen gebettet. Selbst Holzstücke zum Befeuern des Küchenherdes beförderte Oma Kätchen mit Hilfe ihres Transport- und Auffangtextils.

Und außer den verschiedenen Gerüchen hing noch etwas Besonderes an der guten alten Schürze: mein Wissen um den »Notgroschen«. Hatte ich lange genug gebettelt oder war durch »gute Werke« besonders aufgefallen, griff Oma in die »Schierzenteisch« und zauberte eine Münze daraus hervor. Mit dieser lief ich schnurstracks zum Süßigkeitenautomaten, wo es für zehn Pfennige »en Strupp Kamelle« gab – Schoko oder Sahne ... Danke, gute Kittelschürze!

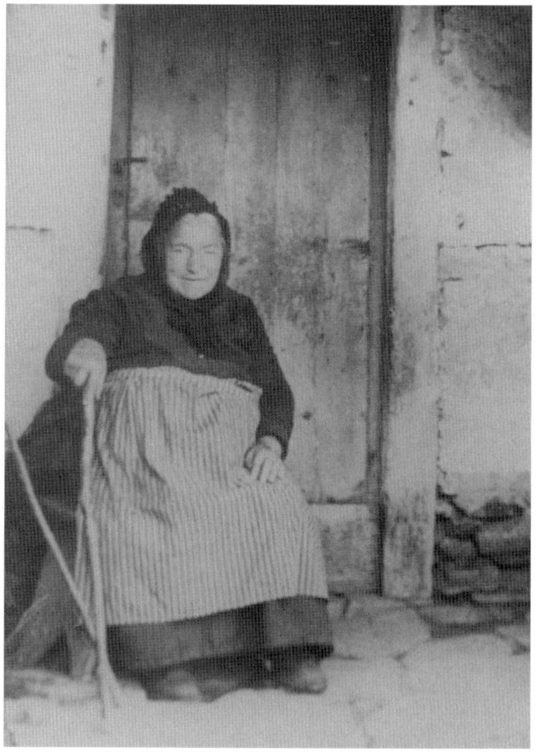

Rechts | Bäuerin aus Lichtenborn bei der Arbeitspause im Hof

Rechte Seite | Betende Bäuerin um 1930

13

Eifeler Handwerk

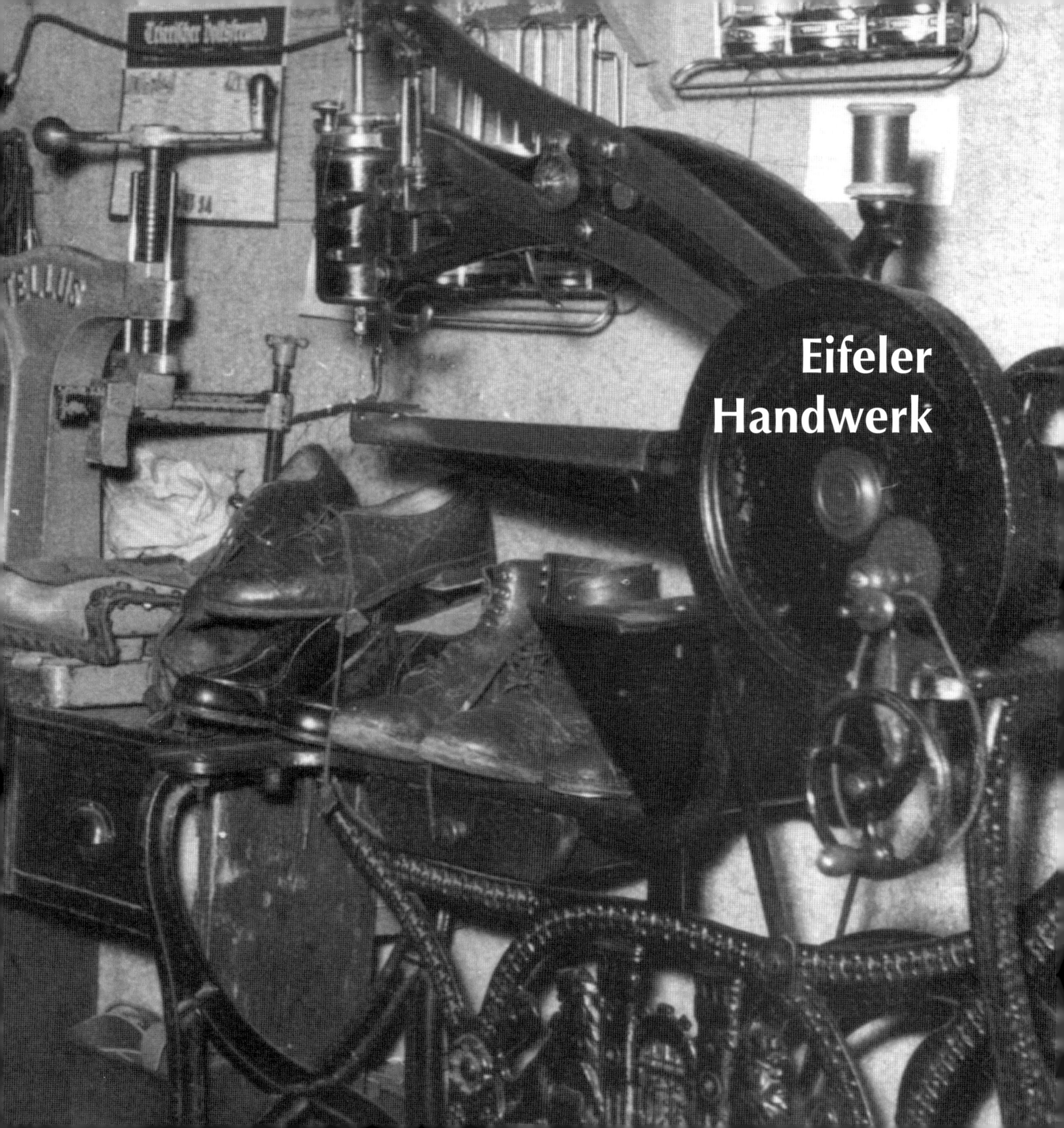

Die Geschichte des Eifeler Handwerks

Wurden bis in das 4. Jahrhundert hinein beispielsweise noch die Getreidekörner mit der Hand zwischen Steinen gemahlen, so traten im 5. und 6. Jahrhundert allmählich die ersten gewerbsmäßigen Müller auf. Auch Schmiede, Wagner, Zimmerleute und andere Bauhandwerker waren nun tätig. Unter Karl dem Großen wurde es zunehmend üblich, Handwerker gezielt heranzubilden. In seinen Verordnungen ist von Bäckern, Schuhmachern, Schmieden, Drechslern und Seifensiedern die Rede, denn von nun an mussten die Vorsteher der Höfe über die Entwicklung des Handwerks in ihrem Bereich Rechenschaft ablegen.

Pflegestätten des Handwerks wurden im 11. und 12. Jahrhundert die Klöster, die in ihren Werkstätten einzigartige Arbeiten verrichteten. Man denke nur an die Buchdrucker und -binder, die Brauer, Gärtner oder Baumeister.

Auch in der Eifel gelangte das mittelalterliche Handwerk zu großer Blüte. Es ist fast selbstverständlich, dass sich im »Land der Klöster und Burgen« ein gewerbefleißiges Handwerkertum herausbildete. Exemplarisch seien im Folgenden einige Berufe genannt:

Erste Metzger und Bäcker waren zumeist auf den Höfen der Adeligen und in Klosterbetrieben tätig, arbeiteten aber auch für den freien Verkauf. Lohnschlächter waren überall unterwegs, Marktleute boten Eifeler Geflügel und Wildbret an. Auch in den klösterlichen Gärten und Bungerten gab es zur Erntezeit verstärkt Handel mit selbstgefertigten oder geernteten Produkten aus Eifeler Landen. Abnehmer waren vor allem die peripheren »Großstädte« wie Köln, das damals 40 000 Einwohner zählte, Koblenz oder Aachen.

Die Arbeitsgrundlage der Weber stellten Wolle, Flachs und Hanf dar. Daraus wurde in der Hauptsache grobes Tuch hergestellt und dann zumeist in Köln oder Trier veredelt und gefärbt. Beutler, Taschen- und Handschuhmacher, Riemer und Geschirrmacher fertigten ihre Waren in kleinen heimischen Werkstätten und veräußerten sie per Hausierhandel in den Dörfern. Die Kürschner trugen bereits früh dazu bei, dass der Pelz aus Kaninchen-, Lamm- oder Fuchsfell zu einem Standessymbol wurde.

Tischler, zunächst »Kistner« genannt, sorgten für einfache Möbel wie Bänke, Betten und Truhen. Da es noch keine Statuten gab, machte jeder Handwerker in diesem Gewerbe alle Arbeitsschritte selbst: Schreiner, Schnittler, Drechsler und Zimmerleute grenzten sich nur selten voneinander ab.

»Döppebäcker« standen in einer besonderen Gunst, denn niemand konnte auf ihre Waren verzichten. Das Steingefäß wurde in jedem bäuerlichen Haushalt benötigt, vor allem, um Milch und Rahm zu lagern. Die Eifel wurde mit den Zentren Raeren, Speicher und Frechen / Brühl das »Töpferland«.

Ehemalige Kleinbauern nahmen zahlreiche Berufe und Teilberufe auf, die unmittelbar mit der Landwirtschaft zusammenhängende Erzeugnisse schufen. Dazu gehörten die Wagner (Stellmacher), Schmiede, Kärrner oder Sattler.

Vorherige Doppelseite | Schumacher Nikolaus Dechange in Schönecken

Rechte Seite | Wandernder Steinguthändler in den 1930er-Jahren

Links | Töpfer in Speicher

GRUSS AUS SCHÖNECKEN - WETTELDORF.

Schon früh entwickelte sich eine Reihe von Handwerkersberufen, die mit dem Hausbau zu tun hatten. Da es in der Eifel vorrangig Fachwerkhäuser gab, waren Zimmerleute, Lehmstreicher – Maurer gab es noch nicht –, Stroh- und Leyendecker (»Bleiwürmer«) beim Hausbau am Werk. Sie alle arbeiteten mit landschaftstypischen Materialien wie Holz, Schiefer oder Lehm, die es überall meist in nächster Nähe gab.

Wappensticker, Sattel- und Glasmaler sowie Holzschnitzer schufen Dekorationen, Schilder, Gemälde, Waffenröcke und Andachtsbilder; sie galten als besonders angesehen und wurden beinahe als Kunsthandwerker betrachtet.

Eher dem Dienstleistungsgewerbe waren die Berufe des Barbiers, des Heilers oder des Boten zuzuordnen, die im »Hausverkehr« tätig waren. Vor allem der Barbier hatte nicht nur Haare zu schneiden; auch das Aderlassen, ja sogar das Operieren gehörte zu seinen Tätigkeiten. Den Heiler konsultierte man bei Krankheitsfragen aller Art – oft waren hier abergläubische Vorstellungen im Spiel.

Ansätze erster organisierter zunftähnlicher Gemeinschaften gibt es in den Städten seit dem 12. Jahrhundert, in den Landgemeinden etwas später. Oftmals waren solche Zusammenschlüsse religiös begründet und in Form von Bruderschaften organisiert: Man führte einen Heiligen als Schutzpatron, hatte in den Kirchen eigene Altäre und forderte in den Statuten brüderliche Liebe,

Oben | Stolze Handwerker beim Gruppenfoto in Pronsfeld, 1935

Rechte Seite | Geschirrmarkt in den 1930er-Jahren

Werke der Hilfsbereitschaft und immer wieder das Gebet. Im Mittelpunkt des Interesses der Bruderschaften standen die gute Sitte sowie die Unterstützung der Verarmten und Zurückgebliebenen.

Ein Meister arbeitete mit Gesellen und Lehrlingen. Er durfte jedoch nie mehr als zwei Gesellen und einen Lehrling gleichzeitig beschäftigen, um eine Ausbeutung zu vermeiden. »Mit Hand und Mund« musste der Lehrling geloben, sich aufrichtig und ehrlich zu benehmen und seinem Handwerk keine Schande zu bereiten. Der Lehrherr seinerseits stellte Wohnung und Essen, musste seinen Zögling zum Beten und Kirchgang anhalten und durfte ihn auch züchtigen. Nach drei- bis vierjähriger Lehrzeit wurde der junge Knecht von den Meistern und Gesellen losgesprochen – ein altes Ritual, der sich bei einigen Berufen bis heute erhalten hat. Zum Brauchtum der Handwerker gehörte es bis in das 19. Jahrhundert auch, ein Werkzeug seines Standes in der Öffentlichkeit mit sich zu führen. So trug der Tischler das Winkelmaß, der Böttcher einen Schlegel oder der Schuhmacher einen »Penn« mit sich herum. Nicht ehrhaftes Auftreten wurde mit einem »Strafbier« geahndet, in schlimmeren Fällen wie Fehlen oder Verstoß gegen die Hausordnung mit einer Geldbuße in Form von einigen Albus, der damaligen Währung.

Zur Weiterbildung zogen Gesellen vielfach umher. Die Wanderzeit betrug dabei nicht selten vier bis fünf Jahre. Wer dann zurückkehrte, war geschätzt und konnte sich als Vorsteher einer Zunft bewerben. Wer das Gesellenwandern ablehnte, erhielt den Titel Gnadenmeister statt Zunftmeister und musste gewisse Einschränkungen in Kauf nehmen.

In Chroniken des Erftkreises ist überliefert, wie ein Meisterstück auszusehen hatte: So mussten Schneider Rock, Hose, Wams und Mantel anfertigen, Tischler eine Truhe, Drechsler eine Pfeffermühle und Maurer ein Gewölbe oder einen Rauchfang. Schmiede mussten ein Pferd beschlagen und Metzger ein Schwein »in vollem Lauf totschlagen«.

Im Jahr 1500 waren im Bereich des heutigen Erftkreises folgende Handwerksberufe verzeichnet: Steinmetze, Zimmerleute, Dachdecker, Schmiede, Schlosser, Leineweber, Drechsler, Bäcker, Metzger, Töpfer, Wagner, Kesselschmiede, Barbiere, Kuchenbäcker, Färber, Gürtler, Kürschner, Goldschmiede, Pfannenschmiede, Kistenmacher, Sattler, Schwertfeger, Messerschmiede und Brauer. Man kann davon ausgehen, dass diese Berufe überall in der Eifel vertreten waren. Je nach vorhandenen Rohstoffen und geografischer Lage eines Gebietes kamen weitere hinzu, wie beispielsweise die Tuchmacher in Monschau, die Gerber in Prüm, die Drahtwarenhersteller in Neroth oder die Bergarbeiter in Mechernich.

350 Jahre später gab es im Prümer Land folgende Berufe bzw. Betriebe/Händler: 44 Bäcker, einen Kuchenbäcker, 20 Fleischer, einen Seifensieder, 45 Gerber, 188 Schuhmacher, einen Handschuhmacher, einen Kürschner, 11 Riemer und Sattler, 5 Putzmacherinnen, einen Bürstenbinder, 2 Hutmacher, 8 Tuchscherer, 12 Färber, 20 Zimmerleute, 60 Rad- und Stellmacher, 7 Böttcher, einen Drechsler, 3 Kammmacher, 4 Korbmacher, 12 Maurer, 5 Maurerflickarbeiter, 10 Schieferdecker, 3 Steinmetze und -hauer, 5 Steinsetzer, 4 Schornsteinfeger, 5 Töpfer, 14 Glaser, 9 Zimmer- und Schildermaler, 70 Grobschmiede, 50 Schlosser, 3 Kupferschmiede, einen Zinngießer, 9 Klempner, 5 Uhrmacher, 2 Gold- und Silberarbeiter, 6 Barbiere, 2 Fischer, einen Buchbinder, 7 Kohlenbrenner, 4 Strohdecker, 6 Wollspinner, einen Buchdrucker, 2 lithographische Anstalten, einen Buchhändler, 2 Weinhändler, 10 Getreidehändler, einen Holzhändler, einen Wollhändler, 11 Ausschnitthändler, 6 Eisenhändler, 78 Krämer, 10 Höcker, 28 Hausierer sowie 20 Fuhrleute mit 31 Pferden.

Als Fabrikationsanstalten wurden genannt: eine Sinnmaschine mit 160 Spindeln für die Erstellung von Kammgarn, 5 Webstühle für die Fertigung von Leinwand, 19 Webstühle für das Weben wollener Tücher und 1094 Webstühle für das Herstellung von Leinwand (als Nebenbeschäftigung), 4 Färbereien, 2 Zeugdruckereien, 81 Wassermühlen mit 118 Beschäftigten, 12 Ölmühlen, 6 Lohmühlen, 16 Sägemühlen, ein Eisenwerk mit einem Hochofen und einem Frischfeuer, 6 Siedereien, 61 Kalkbrennereien, 10 Bierbrauereien, 3 Branntweinbrennereien, 2 Sestilieranstalten, 15 Gasthöfe für die gebildeten Stände, 48 Ausspannungen, 147 Schenkwirte, 5 Musikanten, 1271 Tagelöhner, 1029 Knechte, 54 Dienerinnen und 1077 Mägde.

Was das Handwerk auf dem Lande anging, so herrschte die Lohnarbeit vor. Kunden gaben den Handwerkern die Aufträge und stellten das Material: Holz für den Tischler, Flachs für die Webereien und Steinblöcke für das Mühlrad.

Rechte Seite | Torfstechen im Venn: Gewinnung des als Heizmaterial geschätzten Naturprodukts Torf

Links | Fritz Kammerschen beim Zerlegen eines Schweins, 1954

Rechte Seite | Teilnehmerinnen eines Nähkurses in Olzheim, um 1925

Oben | Im Steinbruch Schäfersmühle in Ehlenz, vor rund 80 Jahren

Rechte Seite | Fertigung von Mühlsteinen im Neidenbacher Steinbruch, um 1930

Links | Hufschmiedearbeiten: typische Tätigkeiten des Dorfschmieds

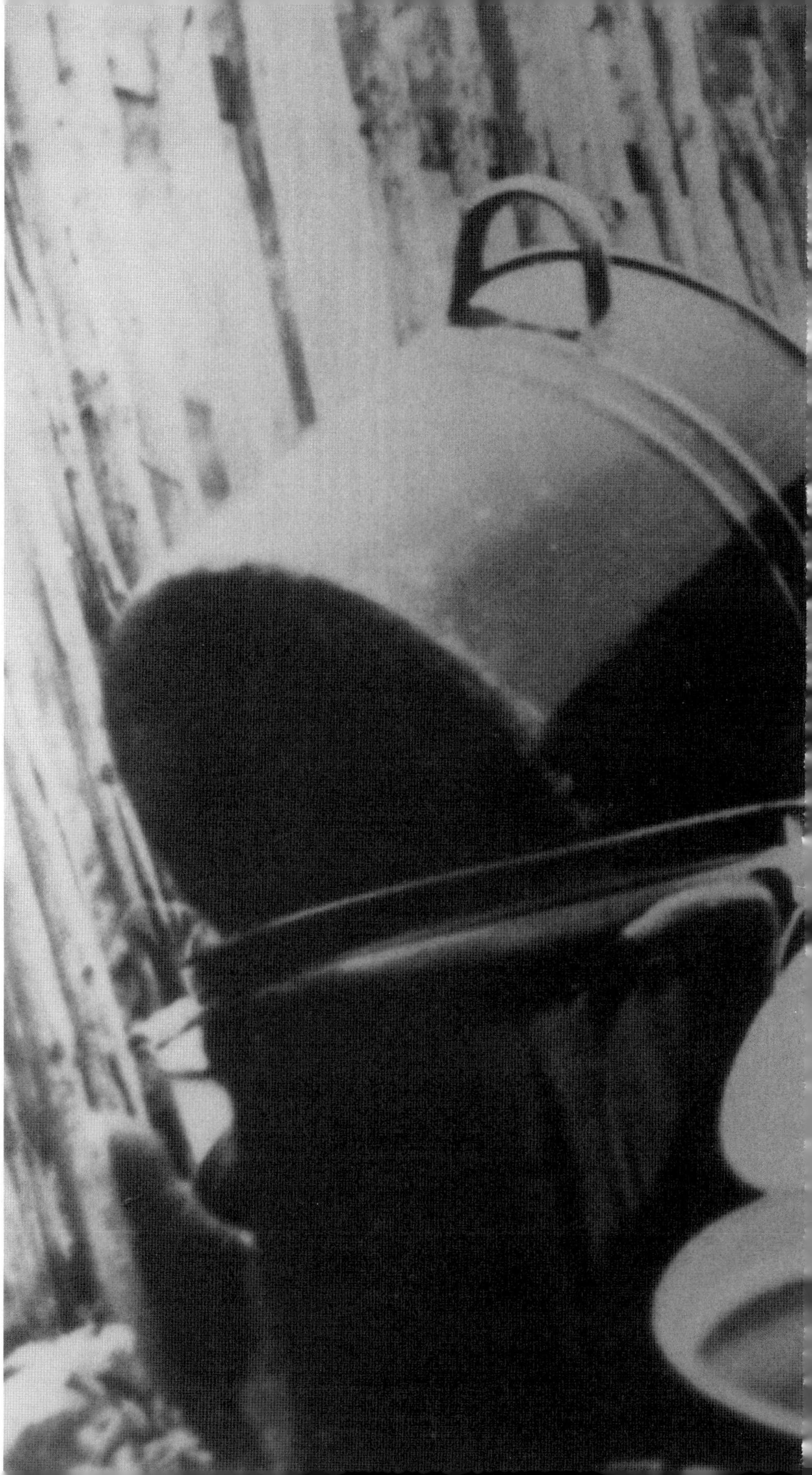

Rechts | Der Kesselflicker, der seine Arbeiten am Ausgang des Dorfs verrrichtete

Links | Grubenarbeiter bei der Arbeitspause unter Tage

Rechte Seite | Grubenarbeiter im Bleibergwerk in Bleialf in 120 Meter Tiefe

Berufe der alten Zeit

Wagner

Räder- und Stellmacher, wie die Wagner früher hießen, gab es bereits auf den Fronhöfen zur Zeit Karls des Großen. Als selbstständige Handwerker wurden sie bereits im 5. Jahrhundert erwähnt. Sie übten einen Beruf aus, ohne den im wahrsten Sinne des Wortes »nichts lief«.

Der Wagner hatte eine mobile Werkstatt, sie war nicht an das Haus gebunden. Zumeist befand sich sein Arbeitsplatz an einem Bach, wo Wasser zum Ablöschen der Eisenbänder vorhanden war. Auf diese Weise ließ sich Geld sparen. Auch wurden immer mehrere Räder gebunden. Auf der Wiese stand der »Bock« mit den vier Auflagen für die Felgen, das nötige Werkzeug lag parat: Zangen mit langen Griffen, der Hammer und das Eisen.

Im glühenden Feuer heizte der Wagner den Bändern heftig ein, ehe sie auf den Radbock getragen wurden. Mit Hilfe eines Eisens, an dessen Spitze sich eine Hakennase befand, zog der Wagner das Band auf die Felge. Wichtig bei dieser Arbeit war, dass sich zwischen den Felgenstücken, die jeweils zwei Speichen aufnahmen, so viel Platz befand, dass das Band unverrückbar festsaß, da es nach dem Abkühlen um einige Zentimeter schrumpfte. Die einzelnen Griffe mussten sitzen, das Eisen glühend heiß sein, und eine helfende zweite Hand war unbedingt vonnöten. Das Eisenband brannte sich in das Eichenholz ein, und dann musste umgehend eimerweise Wasser auf die Räder gegossen werden, damit kein größerer Schaden entstand. Weitere Kühlungsarbeit war angesagt, bis kein Wasserdampf mehr sichtbar war. Dann wurden in gleicher Weise die beiden oberen Nabenbänder aufgezogen, die mit Hilfe einiger Hammerschläge passend geführt wurden. Nach Drehung des Rades geschah das Gleiche auf der Gegenseite.

Dann war die Arbeit des Wagners getan. Er bearbeitete große Karren- und Wagenräder ebenso wie kleinere Räder für Schubkarren oder Leiterwägelchen. Letztere hatten sechs oder acht Speichen, größere zehn, zwölf, vierzehn oder sechzehn. Es musste immer eine gerade Anzahl sein, da sonst die Felge, welche wegen der Rundung aus Einzelstücken zusammengesetzt werden musste, nicht mehr anzupassen gewesen wäre. Je kürzer die Speichen waren, desto schwerer wurde das Einziehen der Felge.

Radmacher, Achsenmacher, Deichselbauer und Wagner leisteten dem Eifeler Bauern unverzichtbare Dienste, denn nur wenige beherrschten diese wichtigen Handwerke.

Hamenmacher

Das Halsgeschirr der Pferde, Ochsen und Kühe wurde »Kummet« oder »Hamen« genannt und vom Hamenmacher angefertigt. Das »Hamscheit« oder »Koppelhämchen« war ein Koppelscheit für ein Doppelgespann, das der Landmann für das Pflügen und Eggen brauchte. Eine wunde Stelle am Hals des Zugtieres nannte man »Hamdruck«, die kugelförmigen Glöckchen am Kummet hießen »Hambellen«. Aus der Herstellung des Hamens hat sich der Familienname Hammacher ergeben, der im Raum Hostel, Nettersheim und Zülpich noch erhalten ist.

Links | Fertig ist das Rad: der Wagner aus Salmrohr, 1925

Rechte Seite | Sattler mit kunstvollem Pferdegeschirr (belgische Eifel)

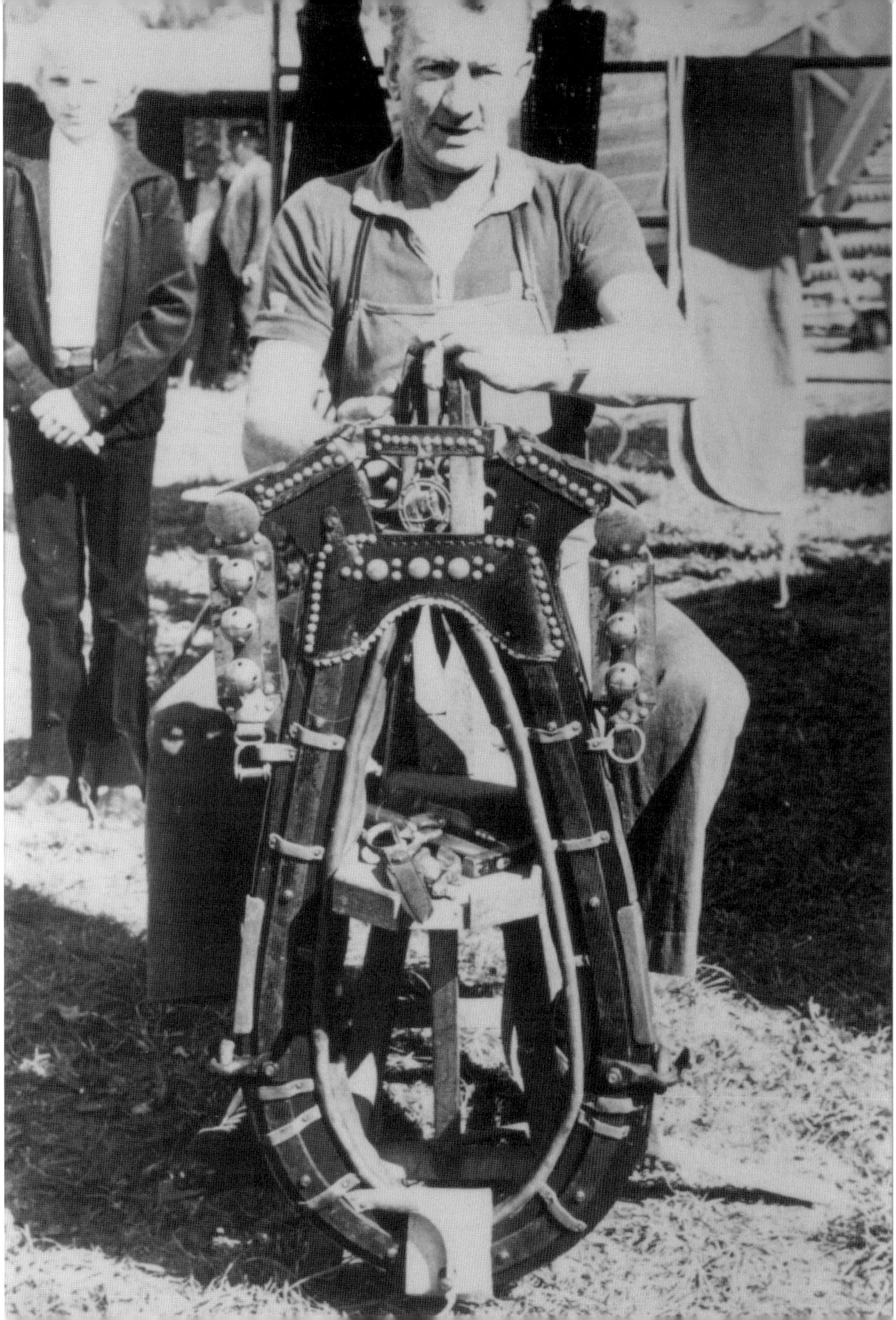

Dorfschmied

Du, mit der Bälge fauchender Wut,
treibe die Flammen zu brodelnder Flut,
Mann des Eisens!
Sieh, wie die schmelzenden, glühenden Schlangen
nach der gefesteten Form verlangen.
Greifende Zunge, Hammers Gewalt,
zwinge in Form sie,
in Leib und Gestalt!
Schmiede das Werkzeug!

Wohl kaum ein Handwerk ist ob seiner schwierigen Arbeit und dem fertigen Produkt so oft in Worten gerühmt worden wie das des Schmiedes. Vielleicht auch deshalb, weil Feuer und Eisen die Menschen immer fasziniert haben und die Frucht dieser Arbeit allen Menschen Hilfe und Erleichterung bei der Bewältigung der schweren Aufgaben in Feld, Wald und Flur bot.

Ich Huffschmidt kan die Pferd beschlagn,
dazu die Räder, Karrn und Wagn.

So heißt es treffend in einem alten Schmiedelied, das wohl Hans Sachs zuzuschreiben ist. Und ein unbekannter Verfasser lobt das Handwerk:

Mit Hochgesang will ich mein Handwerk preisen,
hoch der Mann, der erfand, Brot zu ziehn aus Eisen.

Ist das Dörflein noch so klein, ein Schmied wird stets darinnen sein.

In der Tat hat der Anblick einer Dorfschmiede etwas Besonderes an sich. Früher gehörte die Schmiede in jedes Dorf wie das Backes, die Kapelle oder der Dorfbrunnen, und das Klingen des Schmiedehammers war den Dorfbewohnern eine vertraute Melodie. »Lebendes Inventar« des meist kleinen Fachwerkbaus war der rußgeschwärzte, lederbeschürzte Meister, der mit kräftigem Arm schwungvoll den Hammer auf das rote Eisen niederschmetterte, dass im Halbdunkel der Werkstatt Funken aufstieben. Auf der gemauerten Esse glimmte das Schmiedefeuer, vom Blasebalg immer wieder in Glut gehalten. Neben Esse und Amboss standen und lagen die größtenteils selbstgefertigten Arbeitsgeräte der Zunft: Hämmer und Zangen aller Art, an der Wand hingen Hufeisen und Wagenreifen, auf dem Boden lagen Pflug, Sielenketten, Stangen und Eisenteile.

Die Arbeitstechniken und Werkzeuge des Schmieds sind seit altersher dieselben geblieben. Umso reicher entwickelte sich das Handwerk rund um Esse und Amboss auf den verschiedensten Gebieten des wirtschaftlichen Lebens. In seiner Blütezeit gab es neben dem Hufschmied auch den Nagel-, Waffen-, Messer- und Kesselschmied, den Wagen- und den Kupferschmied. Sie alle hatten wichtige Aufgaben bei der Bedarfsdeckung des täglichen Lebens in Haus, Hof und Stall zu verrichten. Gold-, Silber- und Kupferschmiede dienten der Kunst: Ob es sich um Fenster- und Türgitter, Geländer, Riegel oder Schlösser handelte, ihre Werke sind durch alle Epochen hinweg bis heute Zeugnisse großer handwerklicher Fähigkeiten.

Rechte Seite | Beim Dorfschmied: Hufbeschlag für das Vieh

In der Eifeler Dorfschmiede ging es jedoch in erster Linie um die Herstellung und Reparatur von landwirtschaftlich genutzten Geräten: Gabel, Spaten und Schaufel, Nägel, Schrauben und Eisenteile für das Haus, Riegel für die Türen, Schieber und Schlösser. Der Pflug erhielt dort seine Schärfe zurück, die Schlachtmesser ihren neuen Glanz und die Zug- und Ackertiere ihre Beschläge.

Spezialschmieden gab es in der Osteifel, wo typische Werkzeuge und Gerätschaften für Schiefergruben und Dachdecker hergestellt wurden. Hierzu zählten handgeschmiedete Hämmer ebenso wie Scheren aus Flurstahl, Haubrücken, Nageleisen, Säge- und Treibkeile, Fäustel, Brecheisen, Steinkratzer und Pickel. Dass all diese Geräte ohne maschinelle Hilfe bis in die Mitte des 20. Jahrhunderts hinein gefertigt wurden, zeugt von hoher Fachlichkeit, »eisernem« Willen und großem Ehrgeiz dieser spezialisierten Dorfschmiede.

Auch Waffen für die Jagd und den Kriegsfall wurden von speziellen Schmieden hergestellt, dies insbesondere im Raum Daun / Kelberg und Wittlich / Trier.

Dorfschmieden waren aber zugleich auch der Treffpunkt der Männer. Hier wurde im Schein der rauchenden Esse und unter dem Gequalme der »Erdenpfeifen« geplaudert, diskutiert und gestritten. Dabei waren Welt- und Dorfpolitik, Wetterprognosen und Ernteaussichten die Themen der Männerrunde, die sich wintertags sehr häufig einfand. Manch eine gemeindliche Entscheidung soll in diesem Kreis getroffen worden sein, wohl auch nicht selten bei Branntwein und Eifelviez.

Seit vielen Jahrzehnten rauchen und glühen die Essen nicht mehr. Der große Einbruch der Maschinentechnik in die Arbeitswelt der Bauern stellte den Schmied vor neue Aufgaben. Heute ist er nur noch in größeren Zentren anzutreffen, in einem völlig veränderten Arbeitsumfeld und mit neuen Techniken und Methoden. Wie viele andere handwerkliche Berufe ist auch der des Schmiedes aus dem Dorfleben verschwunden. Und mit ihm der Klang des Hammers und das Zischen des erkaltenden Eisens.

Maurer

Brauchst du ein Haus?
Ja, brauchen tust du's
wie das täglich Brot.
Ich bin der Mann,
der dich befreit
aus dieser Herzensnot.

Zunächst wird man beim Hausbau an Holz- oder Steinbauweise denken. Holz war für die Errichtung von Unterkünften aller Art seit jeher der Grundbaustoff, Stein dagegen erst in neuerer Zeit. Ehe der Bau von Steinhäusern im 19. Jahrhundert in Erscheinung trat, genoss in großen Teilen der Ost- und Nordeifel der Fachwerkbau mit dem Naturstoff Lehm besondere Wertschätzung. Ausschlaggebend für die Verbreitung und Beliebtheit des Lehms war dabei dessen leichte Verfügbarkeit, seine geringen Kosten und, wie man es heute formulieren würde, die »ökologische Dimension«. Viele Ortschaften besaßen eigene Lehmgruben, die jedoch qualitativ unterschiedliche Lehmarten hervorbrachten.

Der Lehm musste zumeist entsprechend aufgearbeitet werden: »Fetter Lehm« besaß zu viele Anteile an Ton, er musste »abgemagert«, also mit Sand verrührt werden; »magerer Lehm« war ungeeignet, da ihm die nötige Festigkeit fehlte. Meist kannten die Dorfbewohner die Beschaffenheit ihres Lehms und wussten, wie mit dem Rohstoff umzugehen war. Frisch geförderter Lehm musste zunächst einen Winter lang gelagert werden, damit der Frost seine Arbeit verrichten konnte: Die Lehmklumpen zerfielen und erleichterten die spätere Bearbeitung. Die Haltbarkeit im Gefach hing entscheidend von der Durchknetung ab, die unter Zugabe von etwas Wasser und mehrmaligem Umwenden vollzogen wurde. Je besser die Vermischung der einzelnen Bestand-

Rechte Seite | Der Strohdecker bei der Arbeit – ein Beruf, der heute ausgestorben ist

teile war, desto größer die Haltbarkeit und Bindigkeit des Materials. Risse sollten auf jeden Fall vermieden werden. An dieser wichtigen Vorarbeit nahm daher oft ein ganzer Trupp an Arbeitern teil, der eilends im Dorf herbeibeordert wurde.

Eine Art »Bewehrung« erhielt diese Masse durch die Beigabe von gehäckseltem Stroh, meist Roggenstroh. Hierdurch wurde erreicht, dass sich die Spannung beim Trocknen (und damit das Schrumpfen) verteilte und Rissbildungen vorgebeugt wurde.

Doch nun zum ersten Arbeitsschritt beim Bau eines Lehmfachhauses. Nach dem Einrammen der tragenden Pfosten, Rahmen- und Bundbalken, Schwellen, Streben und Riegel schufen die Arbeiter die Gefache, holzbegrenzte Felder, die durch Ausfachung geschlossen wurden. Nur wenige blieben zunächst offen für Türen und Fenster.

Sodann wurde das Gefach mit Staken versehen, senkrechten Stäben, die im Abstand von 30 Zentimetern in die waagerechten Riegel eingelassen wurden. Das Eichen- oder Buchenholz musste frisch geschlagen sein; entweder handelte es sich dabei um dünne Knüppel oder gespaltenes Kernholz, das in eine ovale Form gebracht wurde. Die Enden der Staken wurden passend vorgerichtet, damit sie in die Nuten oder Löcher der Riegel eingeführt werden konnten.

Nach diesem Arbeitsgang wurden die Staken umflochten. Als Flechtwerk nahm man biegsame Ruten aus Weiden- oder Haselnussholz. Dünnere blieben ungespalten. Die einzelnen Rutenschichten befanden sich in einem knappen Abstand von 3 bis 5 Zentimetern zueinander, damit das Lehm-Stroh-Gemisch, das nach dem Ausflechten aufgebracht wurde, gut haftete.

Das Auslehmen des Gefaches vollzog sich unmittelbar nach Anbringung der Ruten, um deren Elastizität auszunutzen und somit leichter Korrekturen vornehmen zu können. Für die erste Lehmschicht verwendete man ein Lehmgemisch, dem längere Strohfasern beigegeben waren. Die Rohmasse wurde mit den bloßen Händen beidseitig aufgedrückt und möglichst fest verdichtet. Die Verklammerung mit dem Astwerk besorgte das lange Stroh. Die raue Oberschicht mit hervortretenden Strohhalmen bot eine gute Haftung für die zweite Lehmschicht, nicht jedoch ohne vorher gut angenässt worden zu sein. Dieser zweite Aufzug mit kürzeren Strohteilen wurde nunmehr aufgetragen und mit den Händen gerieben und geglättet.

Nach Fertigstellung aller Gefache wurde die Wand mit Kalkputz versehen oder nur gestrichen. An den Wetterseiten im Süden und Westen konnte zusätzlich eine Strohverkleidung angebracht werden. Weite Dachüberstände und gemauerte Sockel gegen Schlagregen und Spritzwasser sind in der Eifel eher selten.

Der gesamte Hausbau in Holz und mit Lehmfachwerk erforderte einen großen Arbeits- und Personaleinsatz. Nicht selten war das halbe Dorf hierbei gemeinsam am Werk. Jungen schnitten die Ruten, Mädchen und Frauen sorgten für das Stroh, ganze Männertrupps für die Vorarbeit des Knetens. Auch Nichtfachleute konnten helfen, selbst das Ausfachen konnte jeder schnell erlernen.

Reparaturen an einem Fachwerkhaus waren fast an der Tagesordnung. Besonderen Belastungen waren die Anschlussfugen zwischen Lehmgefach und Holz ausgesetzt. Hier arbeitete das Holz, es entstanden Risse, die durch Zufügen einer neuen Lehmmasse abgedichtet wurden. Quellen und Schrumpfen verursachten Schäden am Gefach, die vor Winterbeginn ausgebessert werden mussten. Auch musste alles gut ausgetrocknet sein, um Frostschäden zu vermeiden.

Schuhmacher

Heute sucht man den Schuhmacher selbst auf dem Lande vergebens. Vorbei ist die Zeit, da ein Dorf noch einem Schuster oder gar zwei Schustern genügend Arbeit bot. In meinem 1000 Einwohner zählenden Heimatort Pronsfeld gab es bis in die 1960er-Jahre hinein noch zwei Schuhmacher, die in ihren Werkstätten stets genug zu tun hatten. Bis vor 40 Jahren suchten die »Schuhmaacher« mit ihrem Werkzeug auch die Häuser auf, ja, einst waren sie wandernde Handwerksleute. Hinsichtlich ihres Ansehens wurde streng unterschieden zwischen dem Schuhmacher und dem Flickschuster, der Schuhe nur ausbessern durfte. Schuhmacher standen in der besonderen Gunst der Obrigkeit und in gutem Ansehen bei den Leuten allgemein. Flickschuster waren dagegen ungelernte, arme Gesellen, die gesellschaftlich niedrig gestellt waren und sich niemals Schuhmacher nennen durften.

Rechte Seite | Der Schuhmacher

Schuhmacher sind zwar derb, doch ehrlich
und der Menschheit unentbehrlich,
müssen auf dem »Lauf« stets halten
so die Jungen wie die Alten.

Nach ihren Lehrjahren gingen die Schuster zunächst einmal auf Wanderschaft, um dabei ihrer Arbeit nachzugehen. Häufig übten sie ihr Handwerk auch im Tagelohn aus: Sie gingen zu den Bauern im gesamten Umland, um die Schuhe der Familienmitglieder und des Gesindes zu flicken.

In einem Bericht heißt es, dass der Schuhmacher schon frühmorgens erschien, allein oder mit einem Gesellen und ausgerüstet mit den Utensilien, die er für seine Arbeit benötigte: das Dreibein, die Schusterbank, den Hammer, die Zange, den Schleif- und Klopfstein, die Locher, Leisten, Pinnen, Pfrieme, Messer und die Glaskugel. Letztere diente dazu, das Licht zu verstärken. Dazu wurde die Kugel zwischen Petroleumlampe und Werkstück an die Decke gehängt, sodass sie wie eine Linse das Licht verstärkte, denn oftmals reichte die »Funsel« im Winter nicht aus, um diese filigrane Arbeit zu verrichten.

Aus einem kreisförmigen Lederstück schnitt der Schumacher seine Riemen auf einem Brett zurecht und klopfte die Sohlen auf dem runden Stein. Nach der Fertigstellung des Schuhwerks wurden die Arbeitsschuhe für den Alltag mit dicken Nägeln beschlagen, damit sie vor Verschleiß geschützt waren. Bei leichteren Schuhen für den Kirchgang wurde auf diesen Beschlag verzichtet. Unter der Ferse, seltener auch unter dem Vorderteil, erhielten die meisten Schuhe zudem ein halbrundes, dünnes »Hufeisen« zur Verstärkung. So war ihnen eine teilweise jahrzehntelange Lebensdauer beschieden.

Ging es zur Reparatur, dann mussten im Allgemeinen nur die Nägel oder der Absatz erneuert werden. Dieser Dienst war bis in die 1950er-Jahre hinein noch für 50 Pfennige zu erhalten. Ein neues Paar Schuhe kostete zu dieser Zeit etwa 16 bis 18 DM.

Die Menschen hielten an »ihrem« Schuster fest. Nur zögerlich setzte sich in den 1960ern die neue Mode durch: Fabrikware aus deutschen Landen oder aus dem Ausland, vor allem aus Italien. Für den Eifelbauern zählte die Langlebigkeit, deshalb legte er Wert auf einen guten Lederschuh. Auch die Passform war beim handwerklich arbeitenden Schuster garantiert. Gleiches galt für Stiefel und Gamaschen, eine lederne Wadenbekleidung, die vom Knöchel bis zum Knie reichte. Die Gamaschen wurden um die Waden gewickelt und zugeschnürt, sie dienten zum Schutz bei riskanteren Arbeiten oder im Stall, um die Kleidung zu schonen.

Natürlich waren auch die Schuhmacher in Vereinigungen organisiert. Schon 1505 taten sich beispielsweise in Euskirchen alle »Meister vom Leder« zu einer Zunft zusammen. Gerber, Schuhmacher und Taschner bildeten hier zudem eine »fromme Bruderschaft der Lederzünftler«, die ihre eigene Satzung hatte, Lebensregeln aufstellte und Werke der Nächstenliebe vollbrachte. Aus diesen Zünften entwickelten sich im 19. Jahrhundert Handwerksvereine, später Innungen. So wurde die Schuhmacherinnung des Altkreises Schleiden im Jahr 1913 gegründet. 1965 gab es in diesem Kreisgebiet noch 67 Schuhmacherbetriebe.

Schuster galten stets als gesellige und humorvolle Leute. Ihre Werkstätten waren vielfach Schmelztiegel für den (männlichen) Dorfklatsch. Die Männer brachten einen »Trep« mit und redeten über Gott und die Welt; auch Kinder fanden sich bei »Schuster Jakob« ein, um ihm bei seiner interessanten Arbeit zuzuschauen.

Die Schuhmacher ernannten einst den Montag zum arbeitsfreien, »blauen« Montag. Als Begründung führten sie an, dass ihr Patron, der heilige Crispin, an einem Montag den Märtyrertod erlitten habe. Diesen Tag nutzten die Schuster gern, um in der Dorfwirtschaft ein Glas oder auch mehrere Gläser zu trinken und dem Kartenspiel zu frönen. In der Sprache der Schusters hieß das dann: »Wir brauchen diesen Tag zum Messerschleifen.« Über sich selbst sangen sie:

Mer lappen, mer pappen,
schlon kräftig op de Penn,
denn all Schusterjunge
han emmer e jude Senn.

Müller

Am Anfang stand der Reibstein. Mit einer Dreh- oder Handmühle vervielfachte man die Leistung der Reibsteinmethode: Immerhin 7 Kilogramm Mehl konnten nun in der Stunde erzeugt werden. Eine weitere Verbesserung stellten die Tiermühlen dar, denn Pferde erbrachten die siebenfache Kraft des Menschen. Sogenannte »Schnellläufer« schafften einen Zentner in der Stunde. Schließlich wurde mit der Erfindung der Wassermühle die menschliche und tierische Muskelkraft ersetzt. Laut Mertes versorgte in der Zentraleifel um 1200 eine Wassermühle 30 Haushalte, um 1900 wurde eine Vermahlung von bis zu 1000 Zentner täglich erzielt. 100 Kilogramm Getreide ergaben bei der Vermahlung etwa 70 Kilogramm Mehl, 18 Kilogramm Kleie, 4 Kilogramm Staub und 8 Kilogramm Molter-Lohn.

In der Eifel wurden die ersten Wassermühlen zur Römerzeit errichtet, wie Funde von Mühlsteinen an der Kyll und der Nitz belegen. Auch bei den Franken werden Wassermühlen genannt, das Verzeichnis Prümer Urbar von 893 erwähnt 35 Mühlen im Besitz des Klosters. Die Trierer Abtei St. Maximin führt 53 Mühlen auf. Nach und nach etablierten sich im 13. Jahrhundert Wassermühlen an allen Eifeler Flüsschen, ein Mühlenteich diente als Wasserreservoir. Selten standen die Mühlenwerke unmittelbar am Bach, vielmehr wurde das Wasser mit Hilfe eines Wehrs zu der Mühle umgeleitet, teils direkt auf das Wasserrad, teils in den Mühlenteich, wo es bei Bedarf entnommen werden konnte. Diese Umleitung war bei Hochwasser und Eisgang leicht freizuhalten, die Wasserzufuhr konnte dosiert oder ganz abgestellt werden.

Bis in das 18. Jahrhundert hinein war die Bockwindmühle die vorherrschende Bauart in der Eifel. Die eigentliche Mühle ruhte auf einem hölzernen Grundgestell. Auf diesem Bock wurde sie um ihre Achse in den Wind gedreht. Im späten 18. Jahrhundert fand die Holländerwindmühle, bei der nur das Dach mit den Flügeln gedreht wurde, Eingang in die Eifel. Bei den Windmühlen ging die Kraftübertragung von oben nach unten. Mit den Flügeln drehte sich die Flügelwelle, an der sich ein Kammrad befand. Dieses übertrug die Antriebskraft über das Kronengetriebe an einer Spindel nach unten, wodurch der obere Mühlstein angetrieben wurde.

Turbinen kamen überwiegend nach dem Ersten Weltkrieg auf, Dampfmühlen zu Beginn des 19. Jahrhunderts.

Wind- und Wassermühlen wurden für die vielfältigsten Arbeitsprozesse genutzt. Neben Getreidemühlen gab es in der Eifel Senf-, Papier-, Öl- und Holzschneidemühlen.

Beispielhaft sei hier die Arbeit in einer Eifeler Ölmühle skizziert, wie sie im Tiefenbachtal bei Dedenborn gestanden hat.

Der Ölmüller produzierte pflanzliche Öle aus Ölsaaten und -früchten. Hier sind vor allem Flachs, Raps, Bucheckern und Nüsse zu nennen. Diese gelangten zunächst in den Kollergang der Mühle, wo Läufersteine, die sich senkrecht um eine Achse auf dem Lagerstein drehten, die Ölfrucht zermalmten. In Wärmepfannen erhitzte der Müller die geöffnete Frucht und gab sie in eine Keilpresse. Pochstempel, von einer Daumenwelle gehoben, fielen herab und schlugen auf die Presskeile. Das Öl wurde herausgepresst, zurück blieb der Ölkuchen, den der Müller als Viehfutter verwertete.

Die älteste Ölgewinnung ist die aus Leinsamen, also aus Pflanzen und Samen des Flachses. Flachsanbau gab es schon in vorrömischer Zeit, Raps wird dagegen erst seit 300 Jahren kultiviert. Ein Zentner Raps ergab etwa 20 Liter Öl.

In den Nachkriegsjahren 1946 und 1947 hatte das Sammeln von Bucheckern für die Ölgewinnung noch einmal Konjunktur. Zentnerweise erntete man die Baumfrucht, um den Hunger dieser Zeit zu mildern. Zehn Pfund Bucheckern erbrachten einen Liter Öl, der immerhin 15 DM kostete. Nur zu gerne zog es Kinder und Erwachsene in die Buchenwälder, um mit Planen und Betttüchern die herunterfallenden Früchte aufzufangen.

Ölmühlen fanden sich an allen Eifeler Bächen. Meistens waren sie mit einer Getreidemühle kombiniert. Bei allen Ölmühlen handelte es sich um kleine Handwerksbetriebe, die oft nur wenig zu tun hatten. Die Ölmüllerei blieb in der Eifel nur von lokaler Bedeutung. Die kleinen Betriebe produzierten sehr arbeitsintensiv, lagen aber oft abgeschieden in stillen Tälern.

Im 19. Jahrhundert gab es zum Beispiel im Kreis Mayen noch 36 Ölmühlen mit 18 Müllern und 29 Arbeitern. Das Rittergut bei Weißenthurm besaß eine Ölmühle, getrieben von zwei Wasserrädern mit fünf Paar Keilpressen. Man beschäftigte allein sieben Arbeiter und vermahlte 6000 Scheffel Raps jährlich. 1836 gab es in Neuß sieben Ölmühlen mit zwei Dampfmaschinen und 100 Arbeitern.

Doch heute gibt es das alte Handwerk der Ölmüller nicht mehr. Die Zeit des großen Mühlensterbens waren die Jahre von 1955 bis 1960. Inzwischen arbeitet man automatisch mit modernen Extraktionsverfahren, und die Produktionsstätten sind an Häfen und Binnenseen errichtet worden, welche die Eifeltäler somit abgelöst haben. Vergangen ist die Zeit, da der Müller durch die Dörfer fuhr, um gegen Molterlohn Getreide abzuholen, zu mahlen und zu Mehl verarbeitet wieder abzuliefern. Die klappernde Mühle ist von großen Industrieunternehmen und Mehlfabriken mit Kapazitäten bis zu 100 000 Tonnen Jahresvermahlung verdrängt worden.

Die Mühle ward groß durch Molter und Mahlen,
durch Klugheit und List, ohne Steuer zu zahlen,
ich nahm zurecht für Frau und Kind
von jedem Bauer mein Angebind.
Sorgt, dass vor niemand ihr braucht zu erblassen,
auch ein Müller muss leben, doch auch leben lassen.
Wird Gott mich messen, wie ich maß auf Erden,
so wird der größte Teil selig werden.

Ich hatte weder Feld noch Geld
und ward von Gott in die Mühle gestellt.
Der Müller bin ich nun weit und breit.
Mein ganzes Leben zum Nehmen bereit!
Jeden Bauer geschröpft mit Maß und Gewicht.
So muss ich zur Stunde vor Gottes Gericht.
O Sohn, halte Maß mit Mehl und Korn,
so brauchst du nicht fürchten Strafe und Zorn.
Das Heiligste ist unser täglich Brot,
wer daran gesündigt, fürchtet den Tod.

Korbmacher

Wenn er die schlanken Riegen
der Weidenruten flicht,
muss er die Gerte biegen,
doch brechen darf sie nicht.

Im Wandel aller Dinge
spürt er den Schicksalshauch,
als ob der Wind noch ginge
durch das Gezweig am Strauch.

Dicht in gewundner Fessel
verbindet er die Reih'n,
dies soll ein Korb, ein Sessel,
ein Kinderwagen sein.

(Kurt Erich Meurer)

Rechte Seite | Müller Johann Winkelmann in der Heltenbacher Mühle

ALLEINFUTTER FÜR
SPEZI

Die Weide ist ein typischer Baum der wasserreichen Eifel. Sie ist beim Volk äußert beliebt, und dies nicht nur um ihres Nutzens willen. Vielmehr regen sich, wenn sie im neblig-grauen Talgrund hervorragt, bei ihrem Anblick Gedanken der Schwermut und erscheint sie dem Betrachter lieblich, denkt er an die holden Weidenkätzchen, die den Osterstrauß zieren. So galt die Weide bei unseren Vorfahren als Inbegriff des neuen und zugleich vergänglichen Lebens, und dies versinnbildlicht sie auch noch heute.

Gezielten Weidenanbau hat es in der Eifel nicht gegeben, wohl aber einen schonenden Umgang mit diesem wichtigen Naturprodukt. Hanfweide, Mandelweide oder Steinweide wurde als Material für Körbe aller Art äußerst geschätzt. Als Brenn- oder Möbelholz war es allerdings ungeeignet. Die schlanken und geschmeidigen, schnellwüchsigen Ruten, die in der Regel bis zu drei Meter lang wurden, wuchsen in Gruppen von bis zu 30 Stück gleich aus dem Stock oder anderen knorrigen Stellen hervor.

Nach der Ernte wurden sie sorgsam gebündelt und kopfüber in feuchtes Erdreich oder in einen Wassergraben gestellt. Hier zogen sie Saft, um anschließend mit einem Schälmesser angerissen und zum Trocknen aufgehängt zu werden. Mit dem »Klöber« wurden die Ruten gespalten und danach mit dem »Schmaler« in gleicher Breite zugeschnitten. Aus starken Stecken fertigte der Korbflechter das Bodenkreuz, auf dessen Umrandung die »Loden« zu stehen kamen, die sich oben im Kopfrand vereinten. Nun war es nur mehr eine Sache der geübten Hände, die Seitenteile zu flechten und je nach Größe und Form einen sicheren Abschluss zu gestalten.

Kleine, ovale, halbkugelförmige Körbe dienten zur Aufnahme von Gemüse, größere, sich nach oben weitende Formen mit »Ohren« als Kartoffel- und Kohlkörbe (in der Westeifel »Mandel« genannt), eckige und mit Gurt versehene Tragekörbe zum Transport von Obst und Weintrauben. Diese Trag- und Rückenkörbe, »Hott« genannt, benutzte man beim Marktgang selbst für Geflügel und allen möglichen Krimskram.

Käsekörbe gebrauchte die Hausfrau, um den Quark abtropfen, trocknen und reifen zu lassen.

Bienenkörbe (»Beienkierev«) flocht man zumeist aus Stroh, das durch Bänder aus Haselnuss gehalten wurde, Brotteigkörbe (»Kurbeln«) aus Schilfrohr oder zarten Weiden. Halbmuschelförmige Körbe mit zwei Henkeln wurden in der Südeifel »Siede« genannt und dienten der Aufnahme von Feldfrüchten wie Linsen, Erbsen oder Bohnen. Seltener waren dagegen »Räste«, kleine Körbchen aus »Luhschall«, der Rinde junger Eichen, die man im Haushalt zur Aufbewahrung von Eiern u. Ä. verwendete.

Leichte Flechtwaren wurden auch aus Bast, Bambus, Binsen und gespaltenem Holz gewirkt. Doch war die Korbweide der geeignetste, da biegsamste Rohstoff für sämtliche geflochtenen Behältnisse.

Selbst Kinder- und Puppenwagen fertigte der Korbflechter. Sessel für die bäuerliche Kundschaft verlangten nach besonders dickem, grobrutigem Geflecht aus ungeschälten grünen, grauen oder braunen Weidenruten. Und auch Liegestühle, Sonnenschirme und Zylinderhüte bot der Korbflechter auf seinen Touren und Märkten feil. Diese Sommerreisen waren für ihn meist die schönsten Tage des Jahres, wenn er mit Pferd und Kutsche durch das Eifelland zog, seine Waren verkaufte und von der Reise zugleich auch viele neue Geschichten mitbrachte, die er dann des Abends in der Gastwirtschaft erzählte, während sein Hund bei den Körben Wache hielt.

Neben den »Ohren« brachte der Korbflechter auch Tragbügel und Einhandgriffe an den Körben an. Für Bäcker und Metzger legte man diese mit weißem Linnen aus, damit ihr Inneres hell und sauber wirkte. Gleiches galt für die Wäschekörbe. Neben einer guten Form und Festigkeit war hier für die Kunden auch das Erscheinungsbild der Waren ein wesentliches Kriterium für den Kauf.

In Korbflechterschulen wie in Heinsberg, Aachen, Bettingen und Daun entwickelte sich die Korbflechterei zu einer hohen Kunst und avancierte um die Wende vom 19. zum 20. Jahrhundert von einem Nebenberuf zu einem Spezialgewerbe.

Körbe gibt es sehr viel in der Welt,
sie werden gegeben, wenn's auch nicht gefällt.
Schwerer jedoch, als die, die Körbe geben,
hat's der Korbmacher in seinem Leben.
Denn er muss seine Körbe flechten
und mit ihnen durch die Welt sich fechten.

(Alte Handwerksweisheit)

Rechte Seite | Korbflechten als Nebentätigkeit auf dem Bauernhof

Als Geselle unterwegs: auf der Walz

Kennt man ihn noch, den Begriff »auf der Walz sein«? Ganz selten sieht man noch einen Gesellen durch ein Eifeldorf ziehen, erkennbar an gewissen Utensilien und der Kleidung – auch an seiner Sprache! Solch einen freundlichen Herrn durfte ich kürzlich in Pronsfeld kennenlernen.

Mit der Walz oder der Tippelei bezeichnet man die Wanderschaft eines Handwerksgesellen nach Abschluss seiner Gesellenprüfung. Der Lehrling wird vom Meister freigesprochen und geht auf die Walz. Seit dem 12. Jahrhundert ziehen junge Handwerker durchs Land, um andere Regionen und Kulturen, aber vor allem neue Fertigkeiten in ihrem Fach kennenzulernen.

Vom Spätmittelalter bis zur Mitte des 18. Jahrhunderts war das Absolvieren der Walz für den Gesellen die Voraussetzung dafür, seine Meisterprüfung angehen zu können. Dabei regelten die entsprechenden Zünfte im Einzelnen die Dauer und den Ablauf der Wanderschaft. Ein weiterer Sinn des Wanderns bestand darin, dass ein junger Mann sich durch die dabei gewonnenen Erfahrungen darauf vorbereitete, später einmal den väterlichen Betrieb zu übernehmen.

War ein Wandergeselle in einer fremden Stadt angekommen, musste er sich beim Zunft- oder Zechvater der entsprechenden Organisation seines Handwerks vorstellen. Fand er keine Arbeit, bekam er ein sogenanntes Zehrgeld und reiste weiter.

Über die »Walzsprache« erfuhr ich Erstaunliches! So machte der 26-jährige Jonathan, der aus Celle stammte und über Trier den Weg nach Pronsfeld fand, interessante Äußerungen zu seiner Sprache. »Schuldenfrei, ehelos und nicht vorbestraft bin ich« – so begann unser Gespräch. Ein freies Leben führt man also. Wenn auch »Schmacht« (Hunger) und Frost plagen – das stört den Gesellen nicht. Die Wanderburschen sorgen sich nur um das Heute, nicht um das Morgen. Sie tippeln auf der »Stehle« (Straße) von »Mochum« (Stadt) zu »Kaff« (Dorf), bei den »Krautern« (Meistern) halten sie Umschau. Wenn das »Kies« (Geld) ausgegangen ist oder der »Vater Weiß« (Winter) vor der Tür steht, wünschen sie »anzuschieben« (Arbeit aufzunehmen).

Abends kehren die Gesellen in der »Penne« (Herberge) ein, wo viele zusammenströmen. »Hanf« und »Lehm« (Brot), auch »Weißlinge« (Eier), »Schieberling« (Kuchen), »Unvernunft« (Wurst) und »Fettigkeit« (Speck) werden »abgeklopft« (erbettelt) und »gepickt« (verzehrt). Oftmals bitten sie auch um »Plempe« (Bier) oder einen »Rittmeister« (Schnaps), manchmal auch um »Schokelmei« (Kaffee) zum »Schwächen« (Trinken).

Manchmal erteilt Jonathan in der »Penne« auch Anweisungen an einen jüngeren Kollegen: Er soll richtig »fechten« (bitten) und auch mal »flebbern« (Stempel fälschen) und sich dafür »Plempe blechen« (ein Trinkgeld geben) lassen. Ist es Zeit zum »Rauschen« (Schlafen), wird vom »Vizeboos« (Hausknecht) das »Schlummerpech« (Schlafgeld) eingezogen. Vor dem Schlafen beginnt das »Filzen nach Bienen« (Untersuchung der Kleider nach Läusen). Solcherlei Vieh befindet sich oft in »Stauden« (Hemden) und in den »Weitchen« oder »Buxen« (Hosen). Nicht selten muss der Geselle dann »Bankarbeit leisten« (auf Bänken schlafen) statt im »Weichling« (Bett) zu nächtigen.

Allerlei Berufsgruppen finden sich in der Herberge ein, jeder hat seine eigene »Religion« (Handwerk): »Lehmer« (Bäcker), »Verschönerungsräte« (Friseure), »Rumtreiber« (Küfer), »Elementenfärber« (Brauer), »Heringsbändiger« (Kaufleute), »Dreckschwalben« (Maurer), »Flammer« (Schmiede), »Pechhengste« (Schuhmacher), »Stichler« (Schneider), »Schwarzkünstler« (Kaminfeger), »Kaffer« (Bauer) und »Hobeloffiziere« (Schreiner). Hinzu kommen dann noch solche, die kein Handwerk erlernt oder nicht fleißig weiter betrieben haben: »Türklinkenputzer«, »Wolkenschieber« und »Chausseegrabentapezierer«.

Einige dieser originellen Begriffe gingen auch in die Allgemeinsprache ein und sind teilweise bis heute erhalten geblieben. Dazu zählen Bezeichnungen wie »schmachten« (Hunger haben), »Stift« (Lehrbursche), »Schale« und »Kluft« (Kleidung), »Barras« (Brot) oder »Kaff« (Dorf).

Rechte Seite | Grüße von »Hannikel« in die Heimat

Gruss aus der Eifel!

Hannikel!

Von Mechernich bis Gerolstein
Gehört die ganze Eifel mein.
On eronnerzo bes Traer
Gehört se och noch mer.

Häuser, Straßen, Fluren

Alo, Matto, Bico und Dongo ... – eine kleine Ortsnamenskunde

Ortsnamen zeugen von der früheren Besiedlung und geografischen Lage ihrer Träger und sind bis heute wichtige Quellen der Lokalgeschichte. Im engeren Sinne kennzeichnen sie die Namen von Siedlungen wie Dörfern, Städten und Einzelgehöften, im weiteren Verständnis umschließen sie alle geografischen Bezeichnungen.

Doch bevor wir näher auf Namen der Eifeldörfer eingehen, hier zunächst eine Geschichte zum Schmunzeln. Im Internet findet man humorvolle Verweise auf Orte, »aus denen man nicht stammen sollte«: Deppeshausen und Deppendorf, Blödesheim, Irrendorf und Dummersdorf. Und auf Orte, »die man besser meiden sollte«: Quaal, Eiterfeld, Leiden, Siechen, Brechen und Kotzen. Doch kein Grund zur Beunruhigung: All diese genannten Ortsnamen gibt es in der Eifel nicht!

Befragte man früher jemanden nach seiner Herkunft, so bekam man meist die Beschreibung eines überschaubaren Areals als Antwort: »Am hohen Ufer«, »Aus dem Steintal«, »In den Bergen« oder »Vom tiefen Bach«. Die ersten Ortsnamen entwickelten sich so aus der mundartlichen Bezeichnung der Wohnlagen: Geboren waren Dorfnamen wie Tiefenbach, Blankenberg, Steinfeld oder Bergen.

Der älteste Ort im Altkreis Bitburg ist die Kreisstadt selbst. Lange bevor die Römer diesen Standort als Kastell ausbauten, war Bitburg eine keltische Straßensiedlung. Das alte »Beda« stammt wohl von dem keltischen Wort »betu« (Birke) ab. Jedoch gibt es auch Forscher, die es von »bete« ableiten, das »Herr« bedeutet. Demnach wäre anzunehmen, dass Untertanen ihrem Dienstherrn hier Abgaben leisteten.

»Marcus« oder »Machto« gab, wie es scheint, Matzen den Namen, »Mazzaltera« Masholder und »stabulum« Stahl. Ein Großteil der Ortsnamen im Bitburger Land endet – ähnlich wie im schwäbischen Raum – auf »-ingen« und »-heim«. Sie verweisen auf die fränkische Rodungsperiode und Landnahme. Ortsbezeichnungen wie Peffingen, Weidingen, Esslingen, Geichlingen, Hüttingen und Freilingen tragen im ersten Teil Personennamen: Betto, Frilo, Wido, Ensilo oder Gichilo. So auch im Fall von Birtlingen: Hier zeugt bereits eine frühe Quelle aus dem Jahr 893 von einem gewissen Bertilo.

Ortschaften mit der Endung auf »-heim« deuten wiederum auf einen privaten Besitz hin. Auch bei diesen Bezeichnungen verweist der erste Teil auf den Namen einer Person. So erinnert Idenheim an Ido, Idesheim an Adin. Stockem hieß einst Stockheim (wie Baumstumpf), Holsthum lautete Holzheim (am Wald) und Stedem Stedeheim (»stad« = Wohnstätte).

Zwei weitere Gruppierungen charakterisieren sich durch die Endungen auf »-weiler« und »-hausen«. Ferschweiler, Schankweiler, Oberweiler und viele andere Dorfnamen werden auf »villaris« zurückgeführt, was bedeutet, dass diese Siedlungen zu einem Gutshof gehörten. Auf »-hausen« enden diejenigen Ortsnamen, deren Träger sich an Stellen befinden, an denen einst ein »hus« stand, so etwa Dauwelshausen, Koxhausen, Uppershausen und Rodershausen.

Scheid bedeutet auch heute noch Grenze und erscheint, außer in Ortsnamen, zudem überaus häufig in Flurnamen-Verzeichnissen. So sind Altscheid, Berscheid und Utscheid Ortsnamen mit frühen Gemarkungsgrenzen.

Röhl hingegen kommt von »rulla« (rollen), Sülm von »sulmana« (Teich), Speicher von »spicarum« (Ähre) und Auw von »a via« (am Wege).

In einer Urkunde aus dem Jahr 851 ist von einer »villa erralio« die Rede. Daraus leitete sich später »arila« (Erle) ab, was mundartlich zu Erdel und später zu dem heutigen Ortsnamen Irrel wurde. Weit gefehlt also, hier an »verirren« oder gar an »irre« zu denken.

Vorherige Doppelseite | Eifeler Einhaus in Stroheich, 1939

Rechte Seite | Mühle und Wohnhaus in der Vulkaneifel, um 1890

Der Name Ehlenz erwuchs aus »al« (Sumpf), Mürlenbach aus »mar« (Moor), Meckel aus »magna villa« (großer Wald) und Meilbrück aus »silva Milonis« (Wald des Milo).

Für die Eifel ist es typisch, dass sehr viele ihrer Ortsnamen auf »-dorf« enden, im vorderen Teil wiederum kombiniert mit Personennamen: Olsdorf ist nach Alo, Mettendorf nach Matto, Hermesdorf nach Heriman und Alsdorf nach Althar benannt. Bico gründete einst Bickendorf, Messorius Messerich, Aro Erdorf, Dongo Dockendorf und Wero Wiersdorf. Rittersdorf hat seinen Namen nicht von Rittern, sondern nach einem Adligen namens Rather. Im Mittelalter hieß es Ratheresdorf. Auch Wallendorf hat nichts mit einem Wall zu tun, sondern seine Bezeichnung lässt sich auf einen Siedler namens Walachar zurückführen.

Wie wir gesehen haben, gibt es in der Eifel, neben einigen originellen Namen wie Jucken, Mauel oder Wawern, eine Fülle von Ortsnamen mit gleichen Endungen. Dies hat gewiss mit deren Entstehungszeit zu tun.

Schauen wir uns diese noch einmal im Einzelnen an. Die Endsilbe »-iacum« lebt auch in dem schwäbischen Wortteil »-ingen« fort, was so viel wie »zugehörig« bedeutet und sich in Namen wie Fleringen und Reipeldingen wiederfindet. Diese Orte gehören zur ältesten Schicht fränkischer Siedlungen.

Auf die Zeit nach der Völkerwanderung verweisen Bezeichnungen mit der Endung auf »-weiler«, die im Zeitraum zwischen dem 6. und dem 8. Jahrhundert entstanden sind. Bei dieser Gruppe bedeutet die Nachsilbe »Landgut« oder »Gehöft«; sie steht meist in Verbindung mit dem Namen des Gründers. Exemplarisch wäre hier Waxweiler im Altkreis Prüm zu nennen. Siedlungsnamen auf »-heim« entstanden vor allem in der Karolingerzeit. Eine Häufung dieser Gruppe findet sich in der Prümer Kalkmulde: Rommersheim, Weinsheim, Gondelsheim, Schwirzhein und Wallersheim. Auch hier haben sich die Siedlungen aus ursprünglichen Einzelgehöften entwickelt, während Ortsnamen mit der Endsilbe »-dorf« (wie Heisdorf und Dingdorf) auf Ansammlungen solcher Gehöfte hinweisen. Häufig sind diese Bezeichnungen mit dem Namen des jeweiligen Grundherren gekoppelt. Erste Namen auf »-rath« oder »-roth« wie Watzerath, Matzerath, Reuth oder Roth in der Bedeutung »Rodung« sind ebenfalls erst ab der Karolingerzeit vereinzelt belegt. Ab dem 10. Jahrhundert finden sich auch Ortsnamen auf »-scheid«, eine Endung, die sich vermutlich aus dem urkeltischen Wort »keiton« in der Bedeutung »Wald« oder »Holz« ableitet. Die genannten Namensmuster entstanden in der frühen Rodungsphase der Eifelwälder. Im Altkreis Prüm findet man in den 87 selbstständigen Gemeinden allein 21 Ortsnamen, in denen eine Verbindung mit »-scheid« vorkommt. Eine besondere Häufung dieser Art ist, mit 14 Dörfern, im Raum Arzfeld festzustellen: Winterscheid, Brandscheid, Eilscheid, Preischeid, Binscheid und Heckhuscheid stehen hier als Beispiele. Keine Endsilbe kommt häufiger vor.

Ortsnamen auf »-hausen« wie Kickeshausen tauchen erst im 13. Jahrhundert auf. Und solche, die Gelände- oder Gewässerbezeichnungen wie »-born«, »-bach«, »-au« oder »-feld« als Namensbestandteile in sich tragen, entstanden ebenfalls erst ab dem 12. Jahrhundert, so etwa Lichtenborn und Leidenborn, Orlenbach und Auw, Pronsfeld und Weinsfeld.

Im Altkreis Prüm machen, nach den Ortsnamen mit der Endung auf »-scheid«, die zehn Dorfbezeichnungen, die auf »-feld« enden, die zweitgrößte Gruppe aus, gefolgt von den Namen auf »-heim« und denen auf »-dorf« und »-rath«.

Andere Dorfnamen nehmen Bezug auf lokale Besonderheiten. In Buchet gab es wohl viele Buchen, in Bleialf herrschte der Bleibergbau, Schönecken war zu burgherrlichen Zeiten anscheinend besonders »schön«. Der Name der alten Kreisstadt Prüm ist vom Fluss »Prumia« abgeleitet. »Campus« heißt Feld und gab Großkampenberg und Lützkampen den Namen. Die Endung »-spelt« wie in Harspelt oder Winterspelt kommt wahrscheinlich von der alten Getreidesorte Spelt.

Ortsnamen sind demnach keine Zufallsgebilde. Vielmehr sind sie gemäß den Grundlagen der Toponymik entstanden und spiegeln einschneidende geschichtliche Ereignisse wider. Meist deuten sie eine erste Besiedlung an, nehmen Bezug auf deren Lage und den Namen ihres Gründers. Etwa 60 Prozent der Bezeichnungen sind eindeutig rekonstruierbar, 20 Prozent sind nicht deutbar, die übrigen 20 Prozent lassen mehrere Deutungen zu.

Erbhof und Aussteuer

»Stockgüter« sind Bauernhöfe mit einer besonderen Rechtslage, die sich vor allem auf die Übertragung bzw. Vererbung des Hofes bezieht. Bei »Stock« denke man an den Stamm eines lebendigen Baums: Teilt man ihn, so hat der Baum keine Überlebenschance.

Dies wurde auch für die Höfe angenommen. Um dem entgegenzuwirken, wurde die Eifeler Stockgüterverfassung erlassen, die verhinderte, dass die bäuerlichen Betriebe sich unter mehreren erbberechtigten Nachfolgern zersplitterten. Vielmehr wurde durch diese Handhabung eine geschlossene Vererbung sichergestellt. Neben der Bezeichnung Stockgüter finden sich auch die Termini Schaftgüter, in Luxemburg Vogteigüter. Durch ihren besonderen Status blieben in den Dörfern die Bauernbetriebe lange Zeit erhalten und nur selten ließen sich Handwerker in diesen nieder – so zumindest bis in die Mitte des 19. Jahrhunderts. Auch blieb die Zahl der Häuser und Einwohner meist gleich; es konnten höchstens Höfe erlöschen, aber aufgrund ihrer Lage im Zentrum des Dorfes keine neuen hinzukommen.

Stockhäuser kann man bis heute an ihrer Anlage sehr gut erkennen: Sie bilden, wie gesagt, den Kern der Dörfer und tragen alte Hausnamen. Zudem sind sie oftmals mit Jahreszahlen und einem Spruch versehen.

Starb ein Bauer, so übernahm das älteste Kind den Hof. Handelte es sich um eine Tochter, so konnte ein Mann in den Stockhof einheiraten, dessen Hausnamen er dann annahm. Dem ältesten Kind folgten gemäß dem Recht der Erbfolge der Reihe nach die anderen Kinder. Die nachfolgende Generation stand automatisch als Erben fest. Zog sich der alte Bauer vor seinem Ableben zurück – setzte er sich also aufs Altenteil –, so hatte er Anspruch auf Unterhalt bis zum Lebensende.

Gab es Streit zwischen den Generationen, zogen sich die Alten ins Backes zurück, durften ihr Bargeld mitnehmen und blieben im Besitz etwa eines Drittels des Gesamtvermögens. In Luxemburg war es umgekehrt: Hier mussten die jungen Leute weichen, die Alten verblieben im Stockhaus.

Die nicht erbenden Geschwister hatten keine Rechte auf dem Hof, nur das Unterhaltsrecht. Als Gegenleistung mussten sie stets zur Verfügung stehen, etwa in Erntezeiten. Wollten sie auf dem Hof bleiben, war ihnen eine Heirat nicht möglich: Das Unterhaltsrecht war unteilbar. Verließen sie den Hof, erhielten sie eine Abfindung, das heißt eine Entschädigung für den Verzicht auf das Unterhaltsrecht. Außerdem hatten sie ein Anrecht auf eine Heiratssteuer. Diese bestand aus Getreide, Fleisch, Bier und Branntwein. Die Aussteuer beinhaltete Textilien und Geld.

Bis heute lassen sich vereinzelt einige Sitten und Bräuche aus dieser Zeit finden. Begriffe wie »Erbhof« oder »Aussteuer« haben sich sogar vollständig erhalten.

Wenn auch die Rechtsgrundlage für die Erbpraxis der Stockgüter im Jahr 1810 mit der Einführung des Code Napoleon verschwand, blieb das Anerbenrecht in der Westeifel als Gewohnheitsrecht noch lange erhalten.

Haustüren als »Händedruck«

»Moderne Haustüren sind oft stumm und anonym, meistens sogar verschlossen – früher waren sie eine Einladung«, schrieb der Autor Dieter Weiland 1984 in seiner vielbeachteten Broschüre *Wohnen und Bewahren auf dem Land*. Vieles hat sich in den letzten Jahrzehnten geändert – auch in der Eifeler Kulturlandschaft.

Aluminiumtüren, Thujahecken, Palisadenzäune und Glasbausteine: Das Gesicht vieler Häuser hat sich grundlegend gewandelt. Dies ist jedoch kein Wunder, wenn man heute in erster Linie an Sicherheit denken muss – früher folgte man eher den Grundsätzen von Schönheit und »artgerechter« Bauweise.

Die »Augen der Häuser« nannte man in der Eifel die zahlreichen Öffnungen, die eine Hausfassade gliederten. Dabei widmete der Hausherr der Eingangstür besondere Aufmerksamkeit: Sie galt als Zeichen des Willkommens, als »Händedruck«. »An dieser

118 | 119 | 120

Vorherige linke Seite | Eichentür

Vorherige Doppelseite | Mühle, Wohnhaus und Gaststätte in Nimsreuland, 1932

Links | Eifelhaus in Niedermehlen, 1913

Eifelhaus aus Niedermehlen, K

Schwelle wurde unterschieden zwischen dem häuslichen Frieden und der Lautstärke der Straße«, sagte lakonisch vor 20 Jahren eine Referentin aus Bitburg anlässlich einer Informationsveranstaltung in Watzerath.

Früher gab es die zweigeteilte »Schladertür«, auch »Klöhntür« genannt. Das Oberteil und das untere Gatter konnten getrennt voneinander geöffnet werden. »Diese Tür galt als praktisch, sie ließ das Federvieh draußen und die Kleinkinder drinnen«, erinnert sich der achtzigjährige Peter Schröder. Außerdem zogen Luft und Licht in die Wohnküche. »Je nach Zeitgeschmack, Handwerkskunst und Finanzen war die Eingangstür dekorativ, repräsentativ oder schlicht«, so Schröder. An diesem Ort fand viel Kommunikation statt – von drinnen nach draußen und umgekehrt. »Klöhnen« war in Zeiten ohne Fernsehen ein gern gepflegter Zeitvertreib.

Dieter Brungs hat das alte Bauernhaus, den Comes-Hof in Lierfeld, von 1996 bis 1999 grundlegend saniert. Die Sandsteintreppe ist abgenutzt, eine Takenplatte schmückt den Eingang und neun Fenster zieren die hübsche Fassade des 1734 erbauten Gebäudes. »Die Haustür ist leider nicht im Original erhalten«, sagt Dieter Brungs, der in der zehnten Generation das Haus besitzt und als Feriendomizil vermietet. »Dagegen haben wir im Inneren uralte Türen, die älteste ist über 500 Jahre alt«, so der stolze Besitzer. »Im 15. Jahrhundert diente das Areal als Jagdschloss der Grafen von Vianden, im heutigen Hofraum standen die Schmiede, das Backhaus und ein Pferdestall«, weiß er zu berichten.

Jedes alte Haus hatte ein Gesicht: seine Fassade. »Diese Seite lebte von einem gewissen Rhythmus, von der Zahl und Proportion der Fenster«, erläutert Dieter Brungs. Höhe und Breite sowie die Einteilung der Sprossen und der Fensterkreuze unterlagen den Kriterien von Ordnung und Schönheit. Brungs führt aus: »Fenster übers Eck – das gab dem Haus Leben und Farbe.« »In dem einen Fensterpaar sahen die Bewohner die Sonne aufgehen und gegen Mittag in die anderen Fenster ziehen, so wanderte das Licht durch's Haus«, fügt Peter Schröder hinzu.

Viele Details am Haus waren recht einfach gehalten und doch genial. »Früher hatten die Häuser ein freundliches Gesicht, heute sind aus diesen Gesichtern oftmals Grimassen geworden«, schreibt Dieter Weiland kritisch zum Erscheinungsbild der Häuser auf dem Lande. Seine Arbeit, die vor 20 Jahren vom Deutschen Nationalkomitee für Denkmalschutz herausgegeben wurde, sorgte für einen nachhaltigen Denkimpuls – auch in der Eifel.

Die Kulturlandschaft im ländlichen Raum ist von den Straßen, Wegen und Gärten und vor allem von den Häusern geprägt. Der Einklang von Landschaft, Haus, Dorf und Mensch bestimmt den Erholungswert und die Lebensqualität der Bewohner des Landstriches. Leider ist schon viel zu viel verlorengegangen. Allenthalben stehen Häuser leer, auch und gerade auf dem flachen Land.

Naht das Glück sich deinem Haus,
fang's und halt's und lass's net aus.

So oft ich durchgeh durch die Tür,
erinnere ich mich für und für,
dass du, o Heiland Jesus Christ,
die rechte Tür zum Himmel bist.

Ich steh in Gottes Hand
und bin zum Comes-Hof genannt.

Oben | Bauernhausfenster

»Paisch«, Mühle und Hecken

Flurnamen, Wegebezeichnungen, Ortsbenennungen sowie Distrikts- und Gemarkungsnamen verweisen auf örtliche Besonderheiten und Siedler und sind daher wichtige Geschichtsquellen. Nicht selten geben sie Auskunft über eine frühere Besiedlung. In gewissen Gebieten der Eifel gibt es Häufungen von bestimmten Wegebezeichnungen: »Mühlenweg«, »Neustraße«, »Alter Weg«, »Im Bungert« oder »Im Wiesengrund« findet man sowohl in alten Ortskernen als auch in Neubaugebieten. Origineller sind allerdings Namensunikate wie »Marstall« – zu sehen in Brandscheid – oder »Hahnstraße« in der Abteistadt Prüm.

Geht man den Bezeichnungen näher auf den Grund, gelangt man meist schnell zu einer Deutung. »Im Kuhborn« kennzeichnet jene Stelle, an der das Vieh Quellwasser vorfand. »In der Kraus« bezeichnet ein Gebiet, in dem verwachsene Buchen ihren Platz hatten, »Weißenseifen« oder »Dehnseifen« charakterisieren nasse und sumpfige Wegepassagen.

In der kleinen Gemeinde Pittenbach im Prümtal trifft man auf eine Vielzahl solcher Wegenamen. So verweist etwa der »Mühlenweg« auf die einzige Mühle, die in nördlicher Richtung etwas abseits vom Dorf gelegen ist und an einen Mühlenteich angebunden war, der als »zweiter Arm« vom Fluss Prüm abgeleitet wurde und die Räder antrieb.

»Paich« ist eine in der Westeifel häufig gebrauchte Bezeichnung für eine Flur innerhalb der Dorfgemarkung. Ebenso verhält es sich mit den Namen »Im Bungert« (»Im Obstgarten«) oder »Wengert« (»Weingarten«). »Paich« ist abzuleiten vom lateinischen Wort »pascum«, das »eingefriedete Wiese« bedeutet. »Unter den Paichen«, in der Mehrzahl, benennt in Pittenbach die Lage unterhalb der abschüssigen Wiesen, wo derzeit ein neues Wohngebiet entsteht. Der frühere gleichnamige Weg – direkt an der Prüm liegend – verband früher die Ortschaft Pittenbach mit dem Bahnhof in Pronsfeld. Auch in dieser Gemeinde existiert die Bezeichnung »Paisch« als Wegname im neuen Baugebiet. Viele Parzellen im Dorf nehmen ebenso das Wort »Paisch« auf: Ludespaisch, Tilmespaisch, Scholzenpaisch. Übrigens wird »Paisch« in Pronsfeld mit »sch« geschrieben.

Eine Besonderheit in Pittenbach ist der Weg »Daanhecken«. Er führt etwas abseits der Gemeinde zu einer bäuerlichen Siedlung, flankiert von alten Bäumen mit mächtigen Wurzeln. In diesen ist der Ursprung für den Namensteil »-hecken« zu suchen – bevor sie zu stolzen Solitären heranwuchsen. Besonders markant ist eine alte Buche am Eingang zu »Daanhecken«, deren Alter ein Pittenbacher Bürger auf einige 100 Jahre schätzt. »Daan« ist ein Hinweis auf einen Hausnamen im Ort. Ob dieser immer – wie heute angenommen – »Daan« hieß, muss offen bleiben. Denkbar sind auch Varianten wie Dahn oder Daun. Einen weiteren Hausnamen findet man in der Bezeichnung »Ober Kochs«. Die »Dorfstraße« war und ist die Hauptader, die die Ortschaft durchzieht.

Treppe hoch, durch die Haustür – in die »juut Stuff«

Das Eifeler Bauernhaus von früher war keineswegs ein »Einheitsbau«, vielmehr gab es mehrere verschiedene Haustypen. Doch eines war allen gemeinsam: Sie verkörperten in hohem Maße Funktionalität und schöne Gestaltung.

Fünf Hausformen lassen sich festmachen: das Einhaus im Hohen Venn, das Winkelgehöft in der nördlichen Eifel, der Vierseithof im nordöstlichen Eifelvorland sowie das Trierer Haus und das Kniestockhaus in der südlichen Eifel.

Das Südeifeler Einhaus war zwei- oder dreigeschossig. Eine Einladung stellte bereits das Haus-Entree dar. Mehrere Sandsteinstufen führten hinauf zum Eingang, wo die Haustür wie eine besondere Art des Willkommensgrußes wirkte: Aus Eichenholz gefertigt bot sie dem Eintretenden eine Fülle von kunstvollen Ornamenten und zeugte von bester Eifeler Handwerksarbeit.

Wie alle Häuser der damaligen Zeit war auch das Einhaus der Südeifel mit Naturschiefer eingedeckt. Es hatte im Inneren zumeist zwei Räume in der Tiefe, die durch einen Flur getrennt waren. Sogenannte Breitgiebelhäuser besaßen drei Räume in der

Rechte Seite | Tierliebe auf dem »Paisch« bei Pronsfeld

Tiefe und wirkten so »geduckter« und breiter. Der Wohnteil lag unmittelbar neben dem Wirtschaftsteil. Schlafräume befanden sich ausnahmslos im Obergeschoss.

Einhäuser standen in den Dörfern einzeln oder auch im Verbund mit anderen und wurden dann »Trierer Zeile« genannt. Sie hoben sich dann häufig durch verschieden gekalkte Fassaden voneinander ab: Ocker, rötliche Nuancen oder Grau waren beliebte Farbtöne.

Das Kniestockhaus war ebenfalls ein Einhaus, allerdings in verkleinerter Form. Der Unterschied bestand in der Höhenverkürzung des Obergeschosses und einer verkleinerten Grundfläche. Das Kniestockhaus besaß außer dem Erdgeschoss nur noch ein halbes Obergeschoss mit schrägen Wänden. Zumeist war es im Besitz von Kleinbauern, die sich einst von ihren Grundherren gelöst hatten.

Wohnung für die Menschen, Stallung für das Vieh, Aufbewahrung der Erntevorräte und Arbeitsplatz für den Bauern – all dies beherbergte das Südeifelhaus. Dabei folgten die Wohnung, der Stall und die Scheune einander in Firstrichtung und waren durch separate Eingänge einzeln erschlossen. Die Länge eines solchen Komplexes konnte bis zu stolze 50 Meter betragen. Dazu gab es einen Querbau mit Stallungen für die Schafe und Raum für Vorräte und Stroh.

Der Wohnteil im Einhaus war zweistöckig: Im Erdgeschoss befanden sich die Küche und die Stube, getrennt durch eine Zwischenwand mit der Herdfeuerung. Die alte Küche war mit Steinplatten ausgelegt, in ihr befanden sich der Herd, die Geschirrbank (»Schottelbaank«), der Brunnen (»Petz«), die Takenplatte in der Feuerwand sowie ein Arbeitstisch und Stühle.

Unterkellert war im Einhaus nur die »juut Stuff«, sie lag deshalb höher als die Küche. Von der Küche aus war sie über mehrere Stufen zu begehen. Dort, im Mittelpunkt des Hauses, saß die Familie zusammen, nahm die Mahlzeiten ein, plauderte oder ging kleineren Arbeiten nach. Und dort standen auch die wahren Kostbarkeiten: der wertvolle »Takenscharf« genannte Schrank, die Kastenuhr, der massive Eichentisch, Bank und Stühle.

Im Obergeschoss lagen die Schlafräume, ein Freiplatz über der Treppe und das Fleischhaus am Rauchfang. Die Schlafkammern beherbergten neben einem reich mit Schnitzereien versehenen Schrank zumeist eine große Truhe, in der das Linnen aufbewahrt wurde. Neben dem Bett stand die Wiege. Auf einem einfachen »Schragentisch« waren Krug und Waschschüssel deponiert, darüber an der Wand war ein »Zapenbrett« befestigt, auf dem buntbemalte Spanschachteln standen, in denen Kinderwäsche aufbewahrt wurde. Als Beleuchtung diente ein hängendes Öllämpchen, »Lichthoal« genannt, das an einem beweglichen Arm befestigt war.

Das Eifeler Einhaus hatte ein Satteldach mit kleiner Abwalmung an der Straßenseite, das mit einem Naturschieferbelag, dem sogenannten »Leien«, gedeckt wurde. Der Dachüberstand war unbedeutend, der First lief in einer Höhe glatt durch. Der aus Bruchstein gebaute Kamin erhob sich knapp einen halben Meter über dem First. Besondere Kostbarkeiten der Außenfassade bildeten die Eingänge und Fenster: Sie waren mit Buntsandstein eingefasst und hoben sich von der weißgekalkten Wand ab. So fügten sich diese Häuser in ihren Farben Weiß, Rot und Grau harmonisch in das Dorf- und Landschaftsbild ein.

Oftmals war dem Haupthaus als kleiner Nebenbau noch das zweistöckige »Backes« angefügt. Ebenerdig stand der Backofen, darüber lagen einige Kammern für die Gerätschaften. Unter dem Dach befand sich ein kleiner Fruchtspeicher. An das Wohnhaus schloss sich der Stall an, daran die Scheune, beide Einheiten lagen geringfügig tiefer als das Wohnhaus. In einem eigenen Stall waren die Schafe untergebracht, im Pferdestall die Hauspferde.

Durch einen weiteren Nebenbau entstand ein Dreiseithof, der einen windgeschützten Wirtschafts- und Innenhof entstehen ließ. Die vierte Seite, zur Straße hin gelegen, war unverschlossen, ein Hoftor gab es nicht. Dieser Innenhof beherbergte den Holzplatz, während der Mistplatz hinter dem Haus lag, der Wiese zugewandt. Dort dehnte sich der »Paisch«, die Hauswiese, aus – als Weideland direkt am Haus. Dazu kam der große Bauerngarten mit einigen mächtigen Obstbäumen.

Wat broch mer op em Bouerenduref?
E Pastur, dä schung singt,
en Glock, die schung klingt,
e Koster, dä juut loggen kaan,
e Pfläjer och, e braave Maan.
En Bouersfrau, die juut schmaalzt
en Mohd, die firr de Arbischt doocht
un net por Stonnen an de Spiejel laacht.
Vill Jras un Strieh un Hei,
net zu winnig Kieh un Sei,
jenuuch Holz un iweraal jenuuch Jrond
un Jungen un Mädcher juut jesond.

Rechte Seite | Treppengiebelhaus bei Speicher

Bäuerliches Schaffen

Viehzucht und Ackerbau im Bauerndorf

Mittelalterlichen Quellen zufolge war die Schweinezucht der wichtigste Zweig der Viehwirtschaft. Fast jeder Bauer beschäftigte sich mit der Zucht. Die Deckung des häuslichen Fleischbedarfs und ein gewinnbringender Handel waren dabei das Ziel. Besonders bei den kleinen mittelbäuerlichen Betrieben spielte die Schweinezucht eine große Rolle, da Haltung und Fütterung der Tiere billig waren. Sechs bis neun Wochen alte Ferkel wurden von hausierenden Händlern aufgekauft und im »Niederland«, so nannte man das Niederrheingebiet, abgesetzt.

Am besten gedieh die große und hochbeinige, langhaarige Landrasse, das Eifeler Landschwein. Schweinefleisch war in der Eifel äußerst beliebt, wie folgende Zahlen belegen: Im Altkreis Prüm gab es im Jahr 1828 4 998, 1911 schon 15 142 und 1958 insgesamt 28 018 Schweine.

Bis in das 19. Jahrhundert hinein war in der Eifel die Waldmästung üblich. Schweinehirten, die von der Gemeinde eingestellt waren, hüteten die Tiere und führten sie durch die Wälder, wo sie sich von den ölhaltigen, nahrhaften Bucheckern, Eicheln, Wurzeln und Bodeninsekten ernährten. Ihre Widerstandskraft war so groß, dass sie auch in der kalten Jahreszeit im Wald bleiben konnten und dem Eifelwinter trotzten. Die Waldgröße wurde nach der Zahl der zu mästenden Schweine angegeben. Seit den mittelalterlichen Rodungen ging die Waldweide immer mehr zurück, stattdessen setzte sich die Stallhaltung durch. Die Intensivierung des Kartoffel- und Getreideanbaus lieferte eine gute Vorbedingung für die Stallmast. Auf dem Speiseplan der Tiere standen von da an Getreideschrot, Kleie, Magermilch und gekochte Kartoffeln.

Mit der fortschreitenden Erweiterung der Ödländereien wurde die auf den Erwerb von Fleisch und Wolle ausgerichtete Schafzucht ein zunehmend wichtiger Zweig der Viehhaltung. Caesarius erwähnt bereits 1222 große Schafherden im westlichen Eifelland. Im 14. Jahrhundert erlebte die Schafzucht – zumeist die der Schwarzkopf-Rasse – eine Blütezeit, worauf die damaligen nachgewiesenen häufigen Streitereien um das Weiderecht hinweisen.

Jedes Dorf besaß mehrere große Herden von 200 bis 500 Tieren, die auf Brachweiden, Trockenrasen und Heideflächen ausreichend Weide vorfanden. Der an Schafen reichste Eifelkreis war der Kreis Prüm mit 54 000 Tieren im Jahr 1828. Diese Zahl setzte sich aus einzelnen Schafe der bäuerlichen Betriebe, aber auch aus einigen Großherden zusammen, die die Ödländereien der weiten Umgebung abgrasten. Der Hirte, der sie hütete, führte einen Karren mit, in dem er übernachten konnte.

Mit der Intensivierung der Landwirtschaft, insbesondere der Nutzbarmachung brachliegender Ödländer sowie der einsetzenden Aufforstungen, wurde den Schafen größtenteils die Weidegrundlage entzogen. Der Verfall der Wollpreise tat ein Übriges. So gab es 1958 im Altkreis Prüm nur noch 1827 Tiere. Vergeblich versuchte man durch Einführung neuer, veredelter Rassen den Rückgang aufzuhalten.

In dem Maße, in dem die Schafzucht zurückging, entfaltete sich die Rindviehhaltung. Als Rasse herrschte weitgehend das einfarbige Glan-Donnersberger Höhenvieh vor, das Mitte des 19. Jahrhunderts aus der Pfalz eingeführt worden war. Das Höhenrind der Glan-Rasse war genügsam, legte weite Strecken als Zugvieh zurück und überwand die Steigungen an den Eifeler Bergen. Trotz oft mangelnder Pflege und mittelmäßiger Ernährung erreichte es eine gute Milch- und Fettleistung. Für den Kleinbesitz stellte es neben dem Milchlieferanten zugleich ein wichtiges Arbeitstier dar, da es hier kaum Pferdegespanne gab. Kühe wurden unter gewissen Gegebenheiten (geringe Betriebsgröße, kleine Parzellen, große Höhenunterschiede, bergige Wiesen und Nebenerwerbstätigkeiten der Kleinbauern) vielfach als Zugtiere eingesetzt. Neben Pferden und Kühen wurden auch Ochsen eingespannt, die als Zugochsen im eigenen Betrieb aufgezogen werden konnten und nach der Mästung in den Wintermonaten einen guten Fleischpreis einbrachten.

Bei der Viehhaltung legten die Bauern das Hauptaugenmerk auf die Aufzucht, die Mästung war dagegen untergeordnet. Die Aufzucht von Jungvieh erwies sich in allen Teilen der Eifel als rentabel, besonders in den Grünlandgebieten der Nord- und Zentraleifel. Besondere Förderung erfuhr die Viehzucht durch den Staat und landwirtschaftliche Vereine. Seit den 1950er-Jahren ist

Vorherige Doppelseite | Heuernte in Großkampen, 1957

die Milchverwertung mehr und mehr das Ziel der Eifelbauern geworden, weshalb nun das Rotbunte Niederungsvieh bevorzugt wird. In den 1990ern erfolgten die ersten Molkereigründungen.

Die Pferdezucht kann in der Eifel auf eine große Vergangenheit zurückblicken. Die Größe der landwirtschaftlichen Nutzflächen machte Pferde als Zugtiere unentbehrlich. Die vorherrschende Rasse war dabei das Rheinisch-Belgische Kaltblut, eine Kreuzung zwischen dem Eifeler Landpferd und der belgischen Rasse. Besonders viele Pferde dieser Art fanden sich überall dort, wo die Bearbeitung schwerer Tonböden ein zugkräftiges, ausdauerndes Tier verlangte. Wo leichtere Sandböden anzutreffen waren, konnten das norwegische Fjordpferd und das Oldenburger Landblutpferd, die beide futtergenügsam, aber leistungsfähig waren, eingeführt werden. Diese waren nicht so schwerfällig, sondern »gängiger« und beweglicher in den Bergregionen. Mit der fortgeschrittenen Technisierung und Automatisierung in der Landwirtschaft ging der Bedarf an Pferden jedoch insgesamt rasant zurück.

Als »Kuh des kleinen Mannes« war die Ziege besonders in solchen Dörfern beliebt, wo Handwerker, Arbeiter und Tagelöhner wohnten und für den Eigenbedarf Milch und Fleisch benötigten. Vielfach hielt man Ziegen, um ihrer vorzüglichen Milch willen, auch zur Aufzucht der Ferkel. Deutsche und Schweizer Edelziegen gewährleisteten den besten Erfolg.

Geflügel, besonders Hühner, traf man auf jedem Bauernhof an. Die Eiererträge waren jedoch immer gering, vermutlich weil die notwendigen Kenntnisse bezüglich der Züchtung und Haltung fehlten. Gewisse Hühnerarten, wie das Minorka-Huhn, dienten zur Mast. Auf größeren Gehöften hielt man Truthühner zum Ausbrüten der Hühnereier. Enten und Gänse fand man vor allem an wasserreichen Stellen; so hielten die Müller verstärkt dieses Federvieh, wohl auch wegen der anfallenden Abfälle an Korn, Kleie und Schrot, die sie an dieses verfüttern konnten.

Die Verbreitung der Bienenzucht war nur sehr begrenzt. Vielerorts fehlten die Voraussetzungen dafür: Heide und Ödland sowie der rötlich blühende Buchweizen ließen nur eine schlechte Tracht erwarten. Durch den Anbau verschiedener Kleearten wie Steinklee oder Esparsette versuchte man einen gewissen Ausgleich zu schaffen. Doch boten Eisenbahndämme, Obststreuwiesen und Lindenbäume nur unzureichende Möglichkeiten für eine gute Bienenhaltung. Bienenzuchtvereine schufen hier, genauso wie beim Federvieh die Geflügelzuchtstationen, nur vorübergehend eine Verbesserung der Lage.

An Klöstern und Burgen gab es seit frühester Zeit die Fischzucht, wofür die zahlreichen Gewässer der Eifel eine günstige Voraussetzung boten. Es waren vor allem Müller, die sich gewerblich dieser Aufgabe widmeten und sich dadurch ein Zubrot verdienten. Vorzugweise wurden Forellen gezüchtet, die man an Krankenanstalten, Kur- und Wirtshäuser verkaufte.

Abschließend kann man feststellen, dass der Bauer alles für sein Vieh tat. »Erst die Tiere, dann die Familie« – dieser Ausspruch verrät viel über das damalige Denken. Für den Schutz, die Pflege und die gesunde Fütterung seiner Tiere wandte der Landmann viel Zeit auf. Zahlreiche Brauchhandlungen dienten dem Anliegen, dem Vieh Schutz vor Anfeindungen, Blitz und Krankheit zu bieten. Auch abergläubische Abwehrmaßnahmen hatten immer ihren Platz im Stall und auf der Weide. Religiöse Elemente, wie das Anbringen von Palm- und Kräuterzweigen im Stall, das Beträufeln der Tiere mit Lichtmesswachs oder Tiersegnungen spielten eine wichtige Rolle – besonders Pferdesegnungen sind auch heute wieder beliebt. Das Vieh war dem Landmann nicht nur Existenzgrundlage, sondern zugleich auch »Kamerad und Freund«, wie ein Bauer es einmal ausdrückte. Diese Haltung konnte man im Alltag spüren, wenn etwa die Kühe gebürstet wurden, um das Fell zu glätten und Ungeziefer zu entfernen.

Neben der Viehzucht war der Ackerbau ein zweites wichtiges Standbein für den Eifelbauern. Jede Familie hatte ihr »Jrompersteck« (ihren Kartoffelacker), auf dem man im Herbst genug Erdäpfel oder »Grundbirnen« zu ernten hatte. Mit Hilfe des Karstes, eines Dreizinks, wurden sie ausgemacht; die Arbeitsschritte waren dabei das Öffnen der Furche, das Auseinanderwerfen und das Auflesen der Jrompern. Bereits beim Aufheben sortierten die Familienmitglieder samt Helfern diese in Körbe: die großen dienten als Esskartoffeln, die mittleren zum Teil als Saatkartoffeln und die kleineren als Grundlage für die beliebten »Quellmänner« (Pellkartoffeln) und als Viehfutter. Zum Schluss der Ernte gab es bis in die letzten Jahre den schönen Brauch, das Kartoffellaub zusammenzutragen, anzuzünden, die ersten Knollen in die glühende Asche zu legen und anschließend zu verzehren. Mancher Bauer gestattete früher den armen Leuten, nochmals, wie bei der Kornernte, eine Nachlese zu halten und liegengebliebene, »unentdeckte« Kartoffeln einzusammeln. Als die Schulpflicht eingeführt wurde, erhielten die Kinder in der Eifel sogar eigene »Jrompersferien«.

Kartoffeln und Roggen lieben den Grauwacken- und Vulkanboden, Futterpflanzen wie Rüben und Klee den Kalkstein. Waren die örtlichen Voraussetzungen für den Ackerbau weniger günstig, so wurden durch Verordnungen der Regierung Maßnahmen zur Verbesserung des Ertrages eingeleitet, so etwa durch Ent- und Bewässerung, Düngung sowie Bildung der Jungbauern in Landwirtschaftsschulen. Von den Feldfrüchten wird als bedeutendste Getreideart der Hafer genannt. Er diente in Form von Brei und Grütze als Hauptnahrungsmittel. Daneben wird der anspruchslose Buchweizen, das »Heidekorn«, aufgeführt, dessen Anbau in den feuchten Höhengebieten auf Schiefer wegen seiner kurzen Wachstumszeit und seines geringen Wärmebedürfnisses einen gewissen Ertrag brachte.

Als Ölpflanze diente der Mohn, als Gespinstpflanze der Flachs, der weit verbreitet war. Im Gegensatz zum Wiesen- und Weideland wurden die Saatfelder mit Zäunen eingefasst, im Güterverzeichnis Prümer Urbar »clausura« genannt.

Die Ernte ist für jeden Landmann die höchste Zeit des Jahres. Mit der Sense, Frauen auch mit der Sichel, schnitt man das Korn, band es zu Garben und stellte diese zu Kasten auf. Korngarben setzte man pyramidenförmig zu zehn Stück auf: Neun dieser Garben wurden im Kreis aufgestellt, die zehnte als »Ährenhut« auf den Kasten gestülpt. So konnte kaum Wasser in den »Käst« eindringen. In die Kornkammer legte man gesegnete Kräuter von der Art des Krautwischs und des Palmzweiges, um Schäden wie Blitz und Donner abzuwehren. Gegen Mäusefraß legte man verkohlte Reste vom Holzblock des Christbrandes in die Kornbahr. Für die Drescharbeit auf der Tenne in der Scheune benutzte man einen Dreschflegel, dessen Rute aus Haselholz und dessen Knüppel aus Buchenholz bestanden. Es wurde stets im Winter und nur das neue Saatkorn unmittelbar nach der Ernte gedroschen. Die Arbeit erforderte neben Körperkraft, Ausdauer und Geschick eine gute Harmonie, denn drei bis vier Drescher waren zeitgleich in rhythmischem Miteinander beschäftigt. Oftmals ging der Drusch am frühen Morgen los und endete mit Sonnenuntergang. Taktgebende Lieder und rhythmische Sprüche begleiteten die Drescher bei ihren Schlägen. Im Kreis Mayen klang dies so:

Lange drischt auf und ab, munter und froh, feldein der fleißige Nachbar sein Stroh. Hoho! Tick! Tack! Tack!

An das Dreschen schloss sich die Reinigung des Getreides an, dabei wurden Spreu und Unkrautsamen ausgesondert. In früheren Zeiten wurden die Körner dafür mit der Spreu in die Luft geworfen. Man bediente sich dabei einer Wurfschaufel oder einer Wanne. »De Wan« war ein flacher Weidenkorb, der einer Muschelhälfte ähnlich sah. In dieses Behältnis nahm der Knecht die Körner und warf sie mit Schwung in die Höhe. Dabei flog die Spreu weg, die Körner fielen in die Wanne zurück. Auch sonderten sich die leichteren ab, die später als Saatgut Verwendung fanden. Die endgültige Trennung der leichten Getreidekörner von der Spreu erfolgte durch Siebe. Kinder suchten aus dem Saatgut, das sie auf einen Tisch schütteten, schlechte Körner und Unkrautsamen heraus, eine äußerst monotone Arbeit! Seit dem 18. Jahrhundert erleichterten Maschinen zur Kornreinigung, die als »Windmacher«, »Kornfege« oder »Wannenmühle« bezeichnet wurden, die mühevolle Handarbeit. Es waren längliche Holzkästen, in denen ein Flügelrad, das für den Luftzug sorgte, von außen her bewegt werden konnte. Die in einen Trichter gefüllten Körner fielen dabei in den Zug. Die schweren gelangten in einen Kasten unter der Einschüttung, für die leichteren war ein versetzt angebrachter Kasten gedacht. Staub und Spreu flogen nach draußen. Verbesserungen wie der Schüttelsiebmechanismus und die Dreschmaschinen unseres Jahrhunderts ließen dann das Reinigen des Getreides überflüssig werden.

Rechte Seite | Flachsernte im Nimstal, 1935

Oben | Kornkasten

Rechte Seite | Bauer Theis in Preischeid bei der Wiesenmahd, 1943

Links oben | Beim Eggen auf dem Kartoffelfeld

Rechte Seite | Aufrichten der Getreidekasten

Links unten | Getreidemahd mit dem Binder in der Westeifel, 1954

Oben | Pferdefütterung in Neuerburg

Oben | Bauer mit kapitalem Stier in Neuerburg, 1940

Links oben | Mähen mit dem »Haferkorb«, 1940

Rechte Seite | Eifelbauer in der Arbeitsmontur auf dem Weg zur Feldarbeit

Links unten | Kartoffelernte in Duppach, Vulkaneifel

Der Eifeler Bauerngarten

In einer Zeit, in der die Felder mit Gespannen bestellt, die Wäsche mit der Hand gereinigt und gebleicht wurde, das Handwerk und die Hausarbeit erledigt werden und eine Vielzahl von Kindern erzogen werden mussten, blieb trotz aller Beschwernisse Muße für die Gartenarbeit. Der typische Bauerngarten in der Eifel, früher an jedem Haus zu finden, war hauptsächlich ein Nutzgarten. Er war gegliedert in Gemüse- und Gewürzgarten, dazu gab es eine Abteilung mit Zierpflanzen und Heilkräutern. Die Anlage war übersichtlich und funktional, Pfade markierten Gliederungen, in der Mitte befand sich nicht selten ein Rondell, optisch hervorgehoben durch ein Blumenbeet.

Den größten Raum des Gartens nahm das Gemüsebeet ein, in dem Möhren, Kohlrabi, Lauch, Zwiebeln und Rote Beete gediehen sowie die in der Eifel so beliebten dicken Bohnen, auch Saubohnen genannt. Unterschiedliche Spinatsorten – heute fast vergessen – bereicherten das Angebot. Kartoffeln, Rot- und Weißkohl sah man hingegen seltener in den Gärten; diese Arten wurden im freien Feld angebaut. Manche Gemüsepflanze galt auch als Heilmittel: Mangoldsaft half gegen Blutarmut, Zwiebeln gegen Bronchialerkrankungen, und in Pestzeiten dienten sie zur Desinfizierung der Luft.

Gegenüber dem Gemüsebeet verlief an der Südseite, entlang der schützenden Hauswand, das Heilkräuterbeet. Eine Vielzahl von Kräutern fand man hier vor: Eibisch (gegen Husten, Zahnschmerzen oder auch Magenbeschwerden), Frauenkraut (für die Wundheilung), Fingerhut (für die Herzstärkung) und die Großblütige Königskerze (gegen Erkältungen aller Art). Die Königskerze besaß nach Meinung unserer Vorfahren darüber hinaus die Fähigkeit, das Haus vor Blitzschlag zu schützen und wurde daher im Volksmund auch »Blitzkraut« genannt. Diese fehlte wie viele andere Kräuter niemals im sogenannten »Krautwisch«, den man am 15. August zur Weihe in die Kirche brachte und anschließend im Haus aufhängte.

In einem weiteren Beet des Bauerngartens wurden Gewürzkräuter gezogen, die in Küche und Heilkunst Verwendung fanden. Zitronenmelisse, Liebstöckel, Salbei, um nur einige aufzuführen, waren für die Köchin unersetzbare Gewürze, zugleich versehen mit heilender, beruhigender oder krampflösender Wirkung. Ziersträucher markierten am Kopfende die Grenze des Bauerngartens. Zur »Wetterseite« hin wuchsen höhere, den Innenraum schützende Pflanzen und Schattenspender: Flieder, Forsythie, Weigelie, Deutzie, Falscher Jasmin und Pfingstrosen. Neben diesen Sträuchern gab es weitere Zierpflanzen. Rosen und Lavendel wuchsen dicht neben Rainfarn und Feldsalat, Senf gedieh neben Dahlien und Zwiebeln, Ringelblumen und Astern. Nicht vergessen werden dürfen auch die einheimischen Beerensträucher wie die Roten und Schwarzen Johannisbeeren, Himbeerhecken und die in der Eifel beliebten Stachelbeeren (»Deck Krischeln«). Sie bildeten meist an der Längsseite den Abschluss des Gartens.

Der Eifeler Bauerngarten war bestückt mit einheimischen Materialien, die an Zaun, Weg, Beeteinfassung und Pforte Anwendung fanden. Ob es sich um einen altertümlichen Flechtzaun, Staketen oder einen Schwartenzaun handelte, er war in jedem Fall aus Holz gefertigt. Die Gartenpfädchen waren mit Kies oder zermahlener Gerberlohe, also Eichenrinde, ausgelegt. Steine, gelegentlich auch Dachziegel oder eine einfache Buchsbaumhecke (»Pälmen«), dienten als Beeteinfassungen.

Neben der Feldwirtschaft, der Viehzucht und der Waldnutzung war der Gartenbau die vierte Stütze der bäuerlich-ländlichen Selbstversorgung. Der Garten stellte nicht wie heute einen Erholungsraum dar, sondern diente in Zeiten der Not als wichtiger Bestandteil zur Deckung des lebensnotwendigen Eigenbedarfs. Diesem Anspruch wurde auch der Artenreichtum der Pflanzen gerecht, die in verschiedenen Lebensbereichen ihren Dienst zu leisten hatten: als Lebensmittel und Gewürz, als Heilkraut oder Zierpflanze oder auch als Gewächs, von dem man sich eine magische Wirkung gegen Krankheiten und böse Geister versprach.

Das wachsende Umweltbewusstsein führt heute – gottlob – zu einer Rückbesinnung auf frühere und altbewährte Techniken und Methoden im Gartenbau. Hinzu kommt, dass im Zeitalter von BSE und Kälbermast das Prinzip der Selbstversorgung wieder stärker hervortritt. Am wichtigsten erscheint mir persönlich dabei, dass ein Umdenken im Hinblick auf die Ernährung und auf den Erhalt der natürlichen Schönheit der Gärten stattfindet, denn einst waren sie der Stolz der Bäuerin und des gesamten Hofes.

Rechte Seite | Im Bauerngarten in Kempenich bei Ahrweiler

Links oben | Verpflegungspause im freien Feld, 1955

Rechte Seite | Labung an der Viehtränke in Leidenborn

Links unten | Heuladen

Oben | Arbeitspause bei der Wiesenarbeit, bevor das Heu abends in »Hopen« aufgesetzt wurde

Rechte Seite | Nach getaner Arbeit: Blumenkränze flechten mit den Kindern

Oben | Nutztiere als Freunde

Literatur

Bormann, Michael, *Beitrag zur Geschichte der Ardennen*, 1. und 2. Teil, Trier 1841

de la Fontaine, Edmond, *Luxemburger Sitten und Bräuche*, Editions Emile Borschette, Luxemburg 1995

Eich, Joseph, *Das Bauernhaus in der Hocheifel*, Eifelvereinsblatt 14, Düren 1913

Eifelverein (Hrsg.) und Zender, Matthias, *Eifel-Heimatbuch*, Verlag des Eifelvereins, Bonn 1924/25

Faas, Franz-Josef, *Museumsführer Prüm*, Eigenverlag o. J.

Franke, Brigitte und Franke, Peter, *Hausbuch für die Familie*, Auer-Verlag, Donauwörth 1989

Herrig, Gertrud, *Ländliche Nahrung im Strukturwandel des 20. Jahrhunderts*, Verlag Hain, Meisenheim 1974 (Dissertation)

Kaufmann, Otto, *Möbel und Gerät im alten Bauernhaus*, Romerike Berge 23, 1973

Küster, Jürgen, *Wörterbuch der Feste und Bräuche im Jahreslauf*, Herder, Band 1177, Freiburg 1985

Kyll, Nikolaus, Unveröffentlichte Manuskripte (Nachlass), 1957–1970

Lange, Sophie, *Küche, Kinder, Kirche*, Helios-Verlag, Aachen 1992

Legrand, Robert, *In der Eifel*, Rheinische Heimatpflege 1936, o. O.

Lejeune, Carlo, *Leben und Feiern auf dem Lande*, Band 1, St. Vith (Belgien) 1992

Lemling, Bernhard, *Eifelland – wie bist du schön*, Trier 1982

Leson, Willy (Hrsg.), *So lebten sie in der Eifel*, Bachem-Verlag, Köln 1977

Michels, Mechthild, *Dorfleben in der Eifel*, Wartberg Verlag, Gudensberg-Gleichen 1995

Nosbüsch, Johannes, *Als ich bei meinen Kühen wacht*, Pfälzische Verlagsanstalt, Landau 1993

Rehm, Hermann, *Die Westeifel*, Plaum Verlag, Prüm 1889

Schannat, Johann Friedrich und Bärsch, Georg, *Eiflia illustrata*, Band 3, Zeller Verlag, Osnabrück 1984

Schiffer, Hans-Peter, *Hart und kalt sind ihre Felder, Geschichte und Volkskunde der Nordeifel*, Helios-Verlag, Aachen 1998

Schmitz, Heinz, *Damals in der Eifel, Wiederentdeckte Eifelfotos von Fredy Lange*, Helios-Verlag, Aachen 1998

Schmitz, J. H., *Sitten und Bräuche des Eifeler Volkes*, Trier 1856

Schröder, Joachim, *Brauchtumslandschaft Eifel* (3 Bände), Helios-Verlag, Aachen 1996–1998

Ders., *Von Kesselflickern, Kalkbrennern und Korbmachern, Handwerk und Gewerbe im alten Eifeldorf*, Helios-Verlag, Aachen 1999

Ders., *Von Kurbeln, Kesselhaken und Kappessteinen, Ländliches Leben und Schaffen im alten Eifeldorf*, Helios-Verlag, Aachen 2000

Sinz, Herbert, *Volksbuch vom deutschen Handwerk*, Verlag Bachem, Köln 1958

Weber, Matthias und Dettmann, Rolf, *Eifeler Bräuche*, Verlag Bachem, Köln 1991

Wrede, Adam, *Eifeler Volkskunde*, Bonn 1924

Ders., *Rheinische Volkskunde*, Leipzig 1922

Zender, Matthias, *Sagen und Geschichten aus der Westeifel*, Bonn 1966

Ferner wurden verschiedene Lexika, Sing-, Lese- und Gebetbücher, Fachzeitschriften, Jahres- und Heimatkalender, Tages- und Wochenzeitungen, Monatsblätter, Vereins- und Dorfchroniken, Ratgeber und Museumsführer herangezogen.

Besonders hilfreich waren mir jedoch mündliche Erzählungen meiner Eltern und gezielte Befragungen zumeist älterer Bewohner aus der Eifel. Ihnen allen gilt mein aufrichtiger Dank!